JN278474

人生を変える幸せの法則
――あなたも、きっとうまくいく

奥村久雄 著

ダイヤモンド社

人生を変える幸せの法則
——あなたも、きっとうまくいく

はじめに……幸せになる方法を知らずに頑張っていませんか？

あなたにとって、「幸せ」とはどんな状態のことですか？

私は、経済的にも精神的にも、豊かで自由な状態だと思います。
お金と心の両面で、豊かで自由でなければ、本当の幸せとはいえません。
そして、幸せと成功は別々のものではなく、一体のものです。
仕事が順調で高収入でも、愛する人や信頼できる人がだれもいなかったら、
それは成功でも幸せでもありません。

あなたは、幸せについてこんなふうに思っていませんか？

幸せになるには、人一倍努力したり、何かを犠牲にしなければならない。
あるいは、だれかを蹴落としたりしなければならない。

幸せになれるのは、ごく一部の特別な才能がある人だけ。
毎日、不平不満だらけで暮らしながら、幸せになることを望んでいる。
こうなりたい、というイメージはないけれど、幸せにはなりたい。
人のことはどうでもいい。自分だけが幸せになれればそれでいい。

もし、ひとつでも該当したら、幸せになるポイントを勘違いしています。
だから、いくら頭で考えても、頑張っても、幸せにはなれません。
本当に幸せになる方法は、実は、うんとシンプルで簡単です。
そのことに気づいてほしくて、私はこの本を書きました。
読んで、実践したら、だれだって幸せにしかなれません。
そんなヒントにあふれています。

＊　＊　＊　＊

私は、ホームエステマシンとスキンケア商品の販売会社を経営しています。
本社は札幌で、東京、大阪、福岡に支店を持ち、販売の拠点として全国に43カ所、
そのほか販売に携わる方々の運営スペースが４００カ所ほどあります。年商は約２５

0億円です。

多いときはひと月に10回ほど出張し、販売に携わる人たちに3日間ほとんどしゃべりっぱなしのセミナーを行なうなど、年齢のわりには激務もありますが、不思議なことに疲れません。疲れるどころか、40年来の病気を抱えていることも忘れてしまうほど楽しいのです。

プライベートでは、家内と長男夫婦、孫2人と一緒に暮らしています。上の孫（小3）は私のことが大好きだと言ってくれますし、家内からは「ぜひ生まれ変わっても一緒になりたい」と予約されています。

あまりの幸せに、時折、身震いをしてしまうほどです。

そんな私ですが、36歳までは別人のような毎日を過ごしていました。今振り返ると、表向きはどうであれ、内実は全くのダメ人間だったと思います。

当時、私はごくごく平凡なサラリーマンで家族は妻と4歳、1歳の子ども。会社ではそれなりの肩書きを与えられ、自分なりに精一杯努力していました。

でも、仕事や人生に対して確固たるビジョンもポリシーもなく、目標や生きがいなんて考えたこともありません。「人生、こんなもんだろう」と、さめた気持ちで生きていました。

性格は一見、快活ですが、根っこは不平不満のかたまりで人嫌い、自意識過剰、ええかっこしい、内気、自己中心的、さらには無気力、無感動、無関心……。ネガティブそのものでした。

そんななか、「目標設定」に出会いました。

それがきっかけで、人間関係も仕事も家庭も不思議なほど好転し始め、人生が一変しました。

家内は、私のことを「まるで別人になった」と言い、今の生活を「違う人と再婚したみたい」と笑います。

＊　＊　＊　＊

今回、私が本を出すことになったきっかけは、数年前にさかのぼります。私のセミナーでの話に興味を持ってくれた方が、出版をすすめてくれたのです。

「参加している女性たちが、みんなとてもイキイキと幸せそうで驚きました。本当に幸せになれるセミナーなんですね。奥村さんの幸福論をもっとたくさんの人に知ってもらいませんか？」

しかし、一経営者として自社の販売に携わる人たちに話すことはあっても、世間一般の方々にまでとは想像したこともありません。私は固辞いたしました。

今回、再度お話をいただいたときに、その方はこう言いました。

「私たちはみんな、幸せになりたいと願っているのに、幸せを実感できている人はごくわずかです。このギャップはどこにあると思いますか？」

「奥村さんは以前、ダメ人間だったそうですが、そういう人が今のように、幸せに成功することができたのはなぜですか？」

確かに、幸せを実感できている人はほんの一握りしかいないのかもしれません。

日本の年間自殺者が3万人前後という状態が10年ほど続いています。

また、ニュースや新聞で報じられるように凄惨な事件があとを絶ちません。

そして、若く健康な人でも仕事に恵まれず、「格差社会」とか「下流」「ワーキングプア」「ネット難民」といった言葉が生まれています。

たとえ、はた目には成功している人でも、心のなかが全然幸せじゃない人も多いように感じます。

でも――幸せになるって、本当はとても簡単なことなんです。

非常にシンプルで、こむずかしい理屈やテクニックが付け入る隙もないくらいです。

私も努力したり、何かを我慢したり、特別な才能を身につけたわけではないのです。

みんなが幸せを求め、一生懸命頑張っているにもかかわらず、幸せになれない人が大部分だとすれば、原因はひとつしかありません。

「幸せのとらえ方が間違っている」ということです。

実は、私自身も幸せのとらえ方を勘違いし、間違った努力をした一人です。

でも幸せの本質、いわば〝幸せの法則〟に気づいてからは、まるでベルトコンベアーにのせられているかのように、あれよあれよと幸せになれたのです。

もし気づかないままだったら、きっといまだに不平不満、文句だらけで生きていたでしょう。孤独で寂しい人生になっていたと思います。

間違った努力を一生懸命やって報われず、幸せをあきらめてしまった人が多いとすれば、あまりにももったいないことです。

幸せをあきらめることは、人生をあきらめることです。

出版をすすめてくださった方とのやりとりのなかで、私の心は決まりました。

もっとラクに、楽しく、幸せになれるヒントを本という形でお伝えしよう！　と。

そもそも、私の使命は、一人でも多くの方（特に女性）により幸せになっていただくことに尽力することです。そのために、26年間、私どもの販売に携わっていただいている方対象という制限はあったものの、全国を回ってセミナーを開いてきたのです。本ならば、もっとたくさんの人にお伝えできると思いました。

＊　＊　＊　＊

人は、幸せになるために生まれてきました。

それが、私たちの人生の目的そのものです。

幸せになるために必要なこと——幸せのモトは2つしかないと私は思います。

【希望】自分の可能性を信じ、ワクワク行動しながら生きること。

【感謝】物事をすべてポジティブに受けとめて、感謝を感じながら生きること。

目標を持つことが「希望」につながり、幸せを感じさせてくれます。

「感謝」することは幸せの第一歩です。


この本には、私個人の経験に加え、先人たちの貴重な教えも書かれています。

内容的には、ふだんセミナー等で話していることをベースに、あらたなインタビューを加え、再構成したものです。

ご家族で（特にご夫婦で）お読みいただけましたら、大変うれしく思います。

きっと、だれでも、いつからでも、望む通りの幸せを引き寄せられるはずです。

人生を変える幸せの法則　目次

3章　幸せは「感謝」から始まる——101

1章

平々凡々な男が、身震いするくらい幸せになれた

人生に目標がなかった

「はじめに」でも触れた通り、私は36歳まで、人生に目標や夢など持てない人間でした。仕事ではそこそこのポジションをいただいていましたが、やりがいを感じることも、充実感もなく、ましてやサラリーマン以外に可能性があるなどとは、つゆほどにも思っていませんでした。

性格は表面上はそうでもないのですが、根っこの部分では非常にネガティブでした。そんな生活を送っていたある日、奇跡の大逆転というべき、大変身を遂げたのですが、読者のみなさんにとっては、どんなに変わった、別人になったと言われても、私がもともとどんな人間だったのかが不明なままでは、納得できないはずです。

そこで自己紹介がてら、36歳までの人生を簡単に振り返ってみます。

＊スポーツ大好き、おっとりした末っ子

私は１９３７年（昭和12年）、北海道の日本海に面した小さな町で生まれました。

7人兄妹の末っ子で一番上の兄とは17歳も離れており、姉が4人という環境ですから、だいぶ甘やかされて育ったかもしれません。すぐ上の姉によれば、その頃からとてもおっとりした性格だったそうです。近所のおばさんたちからは「坊やちゃん」と呼ばれていました。

当時、両親はニシンの加工業や海産物問屋を営むほか網元にも投資するなど、けっこう羽振りがよかったようです。大きな蔵が5つありました。

小さい頃から体を動かすのが大好きで、海が近かったので夏場はほとんど毎日泳いでアワビを採ったりしていました。

中学時代は野球部に所属し、ピッチャーで4番、一試合にホームランを3本打ったこともあります。高校に入ってすぐの健康診断で「肺に影がある。過激な運動は控えるように」と言われてしまったため、野球は断念しました。でも体は動かしたいので、あまり激しい練習をしなくていいテニス部に入り、適当に楽しんでいました。

ニシンが獲れなくなったのは高校の頃です。両親は畑仕事を始め、不動産を切り売りしてなんとか食いつないでいる状況でしたので、私はぼんやりと描いていた大学進学をあきらめました。本当に勉強がしたかったわけではないので、さほどショックではありませんでした。

卒業後は食品関係の会社で事務の仕事に携わりましたが、1年後、親が大学の入学資金を捻出してくれることになりました。漠然と、外国に行ける仕事に就きたいなあと考えていましたので（でも英語は得意ではありませんでした）、貿易学科に進むことにしました。

＊アルバイトと遊びに明け暮れた学生時代

親が工面してくれたのは学費だけで、生活費は全部自分で稼がなくてはなりません。私は入学と同時にアルバイトに明け暮れました。よく通ったのはドラム缶の再生工場です。潰れたドラム缶に圧搾空気を入れ、外からハンマーで叩くとプクッと膨れてきていい形になっていくのです。朝から晩まで叩き続けていました。

授業よりもアルバイトに精を出したのですが、お金は右から左へとすぐに消えていきました。貧乏なくせにお酒や遊びも大好きだったからです。

そうこうしているうちに、食事にも事欠くようになりました。水以外は2日間何も口にしていないことも珍しくなく、さすがに私も考えました。「最低限、食事と住居だけは確保したい」。私は、住み込みの新聞配達を始めることにしました。

新聞配達というと、真面目で健気な苦学生というイメージですが、私の場合、全く違います。夕刊配達と朝刊配達の間の貴重な時間に、やっぱり飲みに行ったり遊びに行ったり……。結局、大学は3年に進むことなくやめてしまいました。

＊ビリヤード、お酒、そして結核

中退後は、高校の先輩のツテで新橋にあったブルドーザーをチャーターする会社に就職しました。事務職でしたのでほとんど残業もなく、5時を過ぎると毎日のように、当時流行っていたビリヤード場に通いつめました。

おつきあいしていた女性もいないわけではありませんでしたが、真剣に結婚を考えるよりも、まだまだ自分が楽しむことに夢中の日々だったように思います。お給料はお酒とビリヤードで消えました。

そうやって眠る時間も削って遊んだツケが回ってきたのでしょうか。東京オリンピックが開催された27歳の年に、背中が苦しくなったり、咳が出るようになったりして、変だなあと思って病院に行くと肺結核との診断でした。

当時、結核は今よりはるかに難病で、そのちょっと前まで〝死の病〟と言われていましたから、普通なら相当深刻に受け止めるのでしょうが、私は一瞬だけ「エーッ」と思っただけで、さほどショックではありませんでした。ずいぶん無茶したことは百も承知ですから、「ああ、そうか。しかたないよな」という感じでした。

即刻、横浜の療養所に入院し、最初半年ほど投薬治療を行なったものの効き目がなく、左の肺上葉部分を切除する手術を受けました。入院生活は約1年に及び、退院後は療養のために親元に戻りました。

＊無職のまま結婚

地元では同級生のほとんどが家庭を持ち、元気に仕事をしているなか、私は将来に対して悲壮な思いを抱いていました。まだ体調は思わしくなく、再就職のメドも立たず、貯金もありません。こんな男とだれが結婚してくれるだろう……。

そんななか、結核療養所で知り合った一人の女性のことが思い出されてしかたありませんでした。彼女は入院当時まだ20歳。「すごく若くて美人が入ってきた」と男性患者たちは大騒ぎでした。

女性の病室は男性の病室の奥に位置していて、女性患者は男性病室の前を通って看護師さんのところへ行ったり、レントゲン室に行ったりします。彼女が入院してからというもの、私は寒い時期だったにもかかわらず、廊下側の窓を開けて本を読んでいるふりをしながら、彼女が通るのを待っていました。

ある日、廊下の公衆電話のところでばったり出くわしたときに声をかけました。

「レントゲンに行くんですか?」

それをきっかけに少しずつ会話を交わすようになり、時々、夕食後に病棟の周りを散歩することもありました。消灯までのごくわずかな時間、しかも他愛のない話ばかりでしたが、楽しいひとときでした。

療養所で一緒だった期間は半年くらい、お互いに連絡先を教えあうこともなく、離ればなれになってしまいました。

入院当時はただおしゃべりが楽しかっただけで、特別な感情はなかったはずでした。でも日に日に思いが募った私は、探偵まがいの必死の捜索で彼女の住所を突き止め、手紙を出したのです。

しばらく手紙のやりとりが続き、「一度遊びに来ませんか？」と、彼女が住んでいた川崎から北海道までのＪＲ（当時は国鉄）の片道切符を送りました。

なぜ片道切符だけかというと、まだ私は仕事もしていなかったためお金がなく、それが精一杯だったというカッコ悪い理由です。

彼女には私の家に泊まってもらい、両親も歓待してくれました。一日中、ただずっとおしゃべりしてあっという間に日がたちました。

気がついたら、１カ月くらい滞在しているのに彼女は川崎に戻ると言い出しません。じゃあ、結婚しようかということになりました。

結納も、挙式も、披露宴も、新婚旅行もなし、ただ籍を入れただけの結婚でした。

＊仕事はただただ生活の糧

結婚後半年ほどたって、外資系ヘアケア製品の製造販売会社に営業マンとして再就職することができました。

31歳のときには札幌の営業所を任され、10人ほどの社員を率いることになりました。大学中退、しかも中途入社のわりには、順調に出世していたと思いますし、私も仕事に対しては全力投球で頑張りました。

とはいえ、仕事が好きということもなく、生きがいを感じていたり、目指すものがあったわけではありません。「負けず嫌い」で「見栄っ張り」「ええカッコしい」なので、周りからいい評価を受けたいという自己満足のために頑張っただけなのです。

そして、器用というのかカッコ良く見せかけるのが上手というか、ある程度の結果を出すことができていました。

心底からの熱意とか充足感を感じたことはありませんでした。私にとって、仕事はあくまでも生活の糧でしかなかったのです。

＊無気力、無感動、無関心、自己中心、自分嫌い、人嫌い……

プライベートでは一男一女にも恵まれました。

いわばこの頃は、公私ともに働き盛りといった感じでしょうか。

しかし、内実は夫失格、父親失格でした。特に夫としては最低だったと思います。家のこと、子どもたちのこと、その他一切、家内にまかせっきりでした。

33歳で自宅を新築したときも、私は「面倒だから家なんていらない」と反対し、設計プランや資金面にもノータッチ。一度も現場を見に行くこともなく、面倒なことはすべて家内に「やっておいてよ」で済ませてしまいました。だから、家は家内が一人で建てたようなものです。


家庭を顧みなかったのは、私が自分勝手な性格だったことも大きいのですが、無気力だったことも大きな理由でした。無気力というとちょっと語弊があるかもしれません。正確に言うと、体が疲れて疲れてしようがなかったのです。

仕事を頑張るだけで、電池切れでした。家ではゴロゴロしてばかりでしたが、寝ていても体がだるく感じるほどでした。

何もやりたくない。無理したくない。もう何もかもが面倒で億劫でした。

いつも体調がすぐれず、頭痛や肩こり、風邪はしょっちゅう。当時、私のカバンの中は疲労回復の市販薬でパンパンにふくれていました。


そんな体調にもかかわらず、週のほとんどを仕事のつきあいと称した自分の憂さ晴らしでススキノに通いつめ、帰宅は深夜。朝は体がしんどくて時間ギリギリまで起きられず、当然、家内と話す時間はほとんどありません。相談や世間話に耳を傾けることも、ねぎらいの言葉や笑顔を向けることもなかったと思います。

時代的に、男は仕事だけしていれば許される風潮があったうえに、私の場合は、「体調が悪いのにこんなに頑張って働いているんだ。文句は言わせない」的な態度があったかもしれません。

今振り返ってみても、我ながらひどすぎたと思います。

自宅の新築にも、家内の気持ちにも興味がなかったということは、家族が幸せに暮らすということに興味がないということです。当時の自分に対して、夫として父親として家族の幸せを真剣に願っていたのだろうか？　と自問するならば、決してそうとはいえません。本当にダメ人間だったと思います。

性格的にはかなり自己中心的、わがままでした。そして重度の人嫌いでした。

表面上は普通に人づきあいをしていましたが、心の底から打ち解けるようなつきあいは一切ありませんでした。

本心を言えば、「人となんて話したくない。話なんかして何が楽しいんだ」と思っていました。

人に対しては無関心このうえなく、人が幸せであろうが、不幸せであろうが、知ったこっちゃない。気持ちの面では完全に自分の殻に閉じこもっていたと思います。

また、内気であがり症で赤面症でした。

仕事では営業所を任されていたため、30代前半からたびたび仲人を頼まれていましたが、結婚式で「皆様、こんにちは」と挨拶したとたんに頭が真っ白になり、1週間前から暗記しておいた言葉が全く出てこなかったということもありました。

そのうえ無感動で、自意識過剰でプライドが高くて、努力は嫌いだけど人から認められたい——そんな性格でした。
自分の何もかもが嫌いで、何もかもが面白くなく、毎日、不機嫌でした。

＊「目標設定」との出会いがきっかけで脱サラ

そんな生活を送っていた36歳のある日、知人が、とてもためになるセミナーがあるから一緒に参加しないか、と誘ってくれました。勉強めいたことには全く興味がないのですぐさま断りました。でも、知人はしつこく何度も何度も誘ってきます。なかば根負けした形で参加することにしました。


セミナーのテーマは、人生における目標の大切さについてでした。

「目標のない人生は、舵のない船です」

「目標を持たなかった人は、晩年、後悔します」

私は、ただただ愕然と聞くだけでした。

そして、「ではみなさん、これからの目標を書いてください」と言われたとき、私は用紙を前に一文字も書くことができませんでした。

自分は、このままずっとサラリーマンやって年をとっていくんだろうなあ……。

どうせやりたいこともないし、サラリーマン以外、何の可能性もないしなあ……。

まあ、定年まで働けば、なんとか家族も養っていけるだろう……。

それまで、目標どころか、自分の可能性すら考えたことがありませんでした。

惰性でただ毎日流されて生きていたのです。

セミナーで話を聞いて、私は頭が混乱しました。

自分が今までなんのために生きてきたのか、わかりませんでした。

これから先、なんのために生きていくのかもわからなくなりました。

結局は、食べるためだけに仕事をしてきたのか?

これから先も、食べるためだけに仕事をしていくのか?

過去も未来も、のっぺらぼうな自分……。

後頭部をハンマーで打たれたような衝撃を感じました。

何のために生きているんだろう——。

自分の人生に初めて疑問を感じました。

正直に言えば、当時、私は自分なりに満足していたのです。
でもそれは、勘違いの満足でした。
人と比べてひどく見劣りしなかったから満足していただけ。
人生の目標なんて考えたこともなかったから、疑問も持たずに、満足していただけ。
自分に可能性があることを考えたこともなかったから、現状に満足していただけ。
ただそれだけだったのです。

俺の人生、これでいいわけじゃないんだ……。
でも、じゃあこれから先、なんのために生きていくのか？　……わからない。

私はその日のうちに、サラリーマン生活をやめようと決意しました。
自分はこのままサラリーマンを続けても、心から満足することはないだろう。
将来もきっと満足できないに違いない。

そのことに初めて気づいたのです。

何かやりたいことがあっての脱サラではなく、目標を見つけ、それに向かっていくための脱サラ。毎月決まった給料をもらいながらでは、自分は何も変わらない。そう考えた末の、いわば「退路を断つ」ための決断でした。

とはいえ、家族を路頭に迷わせるわけにはいかないため、当面は、そのセミナーを主催していた化粧品会社のセールスの仕事をしようと考えました。

家内に相談すると、「もともと何もないんだからいいんじゃない」と反対しませんでした。家内は非常に楽天的な性格です。だからこそ、病み上がりの仕事もお金もない男と結婚できたのでしょう。当時も、子ども2人を抱えているにもかかわらず、やはり見事に楽天的でした。

会社は、私を東京へ栄転させようと考えてくれていた矢先だったため、本社から部長が来て引き止めてくれましたが、気持ちは変わりませんでした。

今までは会社があってお給料があったから、大した才能がない自分でも暮らしてこれた。でも、これからはだれも援助してくれる人がいないのだから、なんとか自分自身で切り開いて行かなければ食べていけない……。

さすがに、身が引き締まる思いがしました。

＊　＊　＊　＊　＊

——これが、脱サラまでの私です。

いかに平々凡々とした人間だったか、いや、ダメ人間だったか、おわかりいただけたと思います。

目標を立てただけで、みるみる幸せになった

会社を辞めて自分を追い込んでも、目標はなかなか立てられませんでした。

でもある日、「なんでもいいから適当に書いちゃえ」と書いてみたんです。

そうすると、不思議なことに、その目標を達成するためにしなくてはならないことが見えてくるんですね。仕事上やるべきことはもちろん、自分の考え方のクセや習慣を変えなくてはダメだということに気づきました。

また、仕事でもプライベートでもいくつかのアクシデントがあり、そんななかでい

ろいろな気づきを得ることができました。

さて、目標設定した結果ですが、仕事面では、化粧品の販売の仕事で年収1000万円（34年前、新聞購読料が1100円のころなので現在でいうと3000万円くらいでしょうか）を達成することができました。

その仕事からは1年ほどで離れ、それから手探りでいろいろな営業の仕事をやってみました。大きな団地を朝から晩まで何十戸と回ったこともあります。3日間セールスしてひとつも売れませんでした。

そうこうしているうちに、知人の紹介で学習塾の経営を始めることになりました。学習塾なんて全くの門外漢、経営そのものも初めてです。すべてゼロからのスタートでしたが、運良く順調に業績を伸ばしました。

7年目には生徒約4000名、講師120名を抱えるまでになりました。

私の年収も数千万円になり、住まいも格段にグレードアップしました。

これまで生きてきた中で、最高に幸せな状態だと思っていました。

しかし、（詳細は3章で触れます）私は経営から手を引くことにしました。

その約半月後、ホームエステマシンと出会い、意外な展開を経て、その販売に携わることになりました。

そしてこの転機こそが、私が本当の意味で幸せになる端緒となったのでした。

36歳での脱サラが私の第2の人生のスタートだとすれば、44歳で現在の仕事に出会ったことは第3のスタートだったのです。

＊＊＊＊

今では、自己中心的な部分はだいぶ改善され、周囲の人のことが考えられるようになりました。人と話すのも大好きになり、携帯にも１０００人くらいの方の番号が登録されています。人と真正面から向き合い、心通わせ、心地よい人間関係を築くことができるようになりました。

また、２０００人以上の会場で講演やセミナーを行なっています。あがるどころか楽しくて仕方ありません。

自分のことを肯定的に見ることができますし、憂さ晴らしの必要も全くなくなりましたので、ススキノには足も向きません。出張で全国に出かけても、いわゆる夜の街に繰り出すことも皆無です。

サラリーマン時代、体が疲れて疲れて無気力になってしまっていたことについて補足します。実は、肺結核の手術を受けたときの輸血が原因で血清肝炎（当時はまだC型肝炎とはいいませんでした）を患いました。手術後すぐに判明し、黄疸が出たり、体がだるくてしょうがなかったり、けっこう苦しみました。

でも、退院後は薬も出されなかったので、私はてっきり肝炎は完治したものと思い込んでいたのです。ところが肝炎というのはウイルス性なんですね。潜伏して肝硬変や肝臓ガンなどを引き起こします。

私は自分の不調がよもや肝炎のせいとは気づかず、とにかく疲れやすい体質なのだと勘違いしていました。それが高じて無気力になってしまったことにも気づくはずもありませんでした。

脱サラ後はさすがに無気力というわけにもいかないので、意欲的に仕事をしていましたが、体力がなく、疲れやすく、だるいのは相変わらずでした。

C型肝炎であることが判明したのは、2001年でした。

これまで2度、インターフェロン治療によりウイルス除去を行ない、今のところ落ち着いています。

2章

幸せは「希望」から、希望は「目標」から生まれる

「プラスのイメージ」があれば幸せを感じる

幸せとはいったいなんでしょうか?

言葉で表すのは難しいかもしれません。

きっと千差万別な答えが返ってくるでしょう。

私が思うに、幸せとは「希望」と「感謝」です。

この章では、希望について話をしてみます。


私のこれまでの人生で、幸せだと思えたことはたくさんあります。特に現在の仕事に取り組むようになってからは、その連続といっていいくらいです。

でもなんといっても、一番幸せを実感したのは結婚したころです。

結婚当初、私たちの経済状況はどん底で、2人で働き、切り詰めて生活してもちっとも楽ではありませんでした。家具も茶碗も箸も鍋も、もらいものか、借りものでした。2人でパン1個を分け合いながら食べて、でもあまりにも喉に詰まるので牛乳を1本だけ買って、分け合って飲む。そんな生活でも、なんて幸せなんだろう、という実感がありました。

「2人で頑張って、もっと幸せになろうね」

お互いに希望がみなぎっていたからです。

あの当時の幸せ感は、今の幸せに比べても全然見劣りしないほどです。

こうしたことから考えると、幸せを感じることはさほど難しいことではありません。

希望が持てればいいのです。

「希望」を辞書で調べてみると、「未来に望みをかけること。また、その望み、願い」「願いがかないそうな明るい見通し」(『集英社国語辞典』)とあります。

つまり、今の状態がどうであるかは無関係で、望みや明るい見通し(プラスのイメージ)が持てる状態のことです。

病気にたとえるならば、難病で入院しても、手術して薬を飲んでリハビリすれば1年後にはきっと完全復帰できる、とイメージできればワクワクして幸せになれます。前向きに治療に専念できるでしょうから、実際、治癒する可能性も高まるはずです。

希望の反対は、絶望です。望みや明るい見通しが持てない状態です。

でも、本当に決定的な状況になって絶望するケースよりは、その前段階であきらめてしまうことのほうが圧倒的に多いのではないでしょうか。

病気にたとえるならば、治癒の可能性がゼロというわけでもない段階で「何をしても助からないだろう」と思い込んでしまうことです。そうすると、もう不安でしょうがないし、不幸でしょうがない。治療する気が失せてしまいますので、治る可能性が本当に低くなってしまうかもしれません。

「絶望とは死に至る病気である」と、キルケゴール（哲学者）も言っています。

希望はつくりだせる

余談ですが、ガンにかかったとき、一番治りづらいのはどんな職業の人だと思いますか？

答えは、医者。それもガンセンターの医者だそうです。理由は、ガンから生還できない例をたくさん見ているため、治らないイメージ（マイナスのイメージ）を強く持ってしまうからだとガンの冊子に書いてありました。
もしも、ガンは治らないと思い込んでいる医者のもとに、自分は治らないと思い込んでいる患者が行ったとしたら「絶望のコンビ」になってしまうわけですね。

話を戻しましょう。
結局、こういうことです。
希望とは単なる「プラスのイメージ」でしかありません。
絶望とは単なる「マイナスのイメージ」でしかありません。
イメージということであれば、ある程度自分でコントロールできるはずです。

じゃあ、希望を持つこと（幸せ）って、たやすいと思いませんか？
気持ちをプラスにコントロールすればいいのです。
「やれる（やれそうだ）」と思えればいいんです。
「まだまだいける、大丈夫！」と思うだけで希望がどんどんふくらんでいきます。
希望は、自分の思うままつくれるのです。

絶望することも簡単です。

マイナスにコントロールするには、「できない（できそうもない）」と思えばいいのです。「もう年だし、努力するのもしんどいし、なれないかもしれないし……」と思えば、勝手にどんどん絶望に近づいていくでしょう。

絶望も、自分の思うままつくることができます。

できると信じたからできた――スプーン曲げが平均の100倍も成功

希望は、「夢」や「目標」と言い換えることもできます。

夢や目標をかなえた人というのは、「できる（できそう）」と、プラスにイメージし続けられたから、つまりワクワクしながら希望が持てたから、実現できたのです。

人から聞いた話ですが、有名なマジシャンであるMr.マリックさんが母校（中学校）を訪れ、在校生と校長先生以下教職員の約600人と一緒にスプーン曲げをするというテレビ番組があったそうです。

マリックさんが、スプーンを手にしたみんなに極意を伝授します。

「みなさん、いいですか。これはゴムだと思ってください。ゴムですから、絶対に簡単に曲がるんです。自分に言い聞かせてください。信じ込んでください」

そう言って、みんなに曲がるイメージを描かせてから、

「ハイ！　曲げてください！」

６００人が一斉にスプーン曲げに挑戦しました。

結果はなんと、半数近くの人が成功しました。

マリックさんが言います。

「普通は２００人やって１人くらいしか曲がらないんですよ。なのに、なんでこんなに曲がったか、わかる？　あのね、みんな、曲がるってことをすごい信じたでしょ？　ワクワクしながらやったでしょ？　だから曲がったんですよ」

普通にただ「曲げてみましょう」と言われた場合、ほとんどの人が「えー、曲がり

っこないよ」とか思いながらトライするのでしょう。

この場合、曲がるのは200人に1人ですから、確率は0・5%。

でも、マリックさんから「簡単に曲がる」と暗示をかけられて「曲がりそう!」というプラスイメージが持てたら、50%に跳ね上がったのです。

なんと100倍です!

潜在意識を使ってプラスのイメージをつくりあげる

プラスイメージを持って目標をかなえるというのは、「潜在意識」を活用するということです。これはかなりポピュラーな目標達成術ですから、きっとみなさんもご存じでしょう。たとえば、

◎潜在意識に自分の目標や願望を刻み込めばかなう

◎自分は自分がイメージした通りになる

などといったことです。

潜在意識についての重要性に最も早く着目したのは、心理学者の大御所であるジク

ムント・フロイトです。潜在意識を活用した成功法則については、ジョセフ・マーフィーの著作が広く親しまれています。

最近では、潜在意識のことを「引き寄せの法則」とも言い、全世界で大ブームになりました。本も数多く出回っていますので、詳しくお知りになりたい方はそちらをお読みいただくとして、本書では、スペースの都合上、ごくごく基本的なことだけ説明させていただきます。

私たちの意識（イメージ）には、潜在意識と顕在意識があります。

顕在意識というのは、頭で考えたり意識できる部分のことです。

潜在意識は意識していない（できない）部分のことです。これまでの経験や知識等のすべてを蓄積しているといわれています。

具体的な例として、料理をするときのことを考えてみます。

初めてつくるメニューのときは、手順や調味料の分量を考えたり、レシピを見ながらなど、頭でいろいろ考えながら料理すると思います。これは顕在意識が優位になっている状態です。

でも、長年作り慣れたメニューの場合は、たとえどんなにぼーっとしていても勝手に手が動き、いつもと同じ味に仕上げることができます。これは潜在意識が優位になっているということです。車の運転についても同じことがいえます。

習慣は記憶となって潜在意識として定着するため、顕在意識レベルが低下しているような状態でも実行できてしまうのです。

顕在意識は全体の7～8%、残り92～93%は潜在意識と言われています。

目標設定すると、プラスのイメージが湧いてくるため、92～93%の潜在意識の力が引き出せ、イメージ通りに実現できます。

ということは、目標設定していない人は、潜在能力を引き出せないまま、7～8%の能力だけで一生暮らしていることになります。

信じられますか?

一生懸命頑張っているにもかかわらず、能力の7～8%しか使っていないのです。

これでは、いくら努力や忍耐、根性といってもはなから限界があります。

潜在意識は私たちだれもが持っている宝物です。でも、それを活用するかしないか

顕在意識と潜在意識

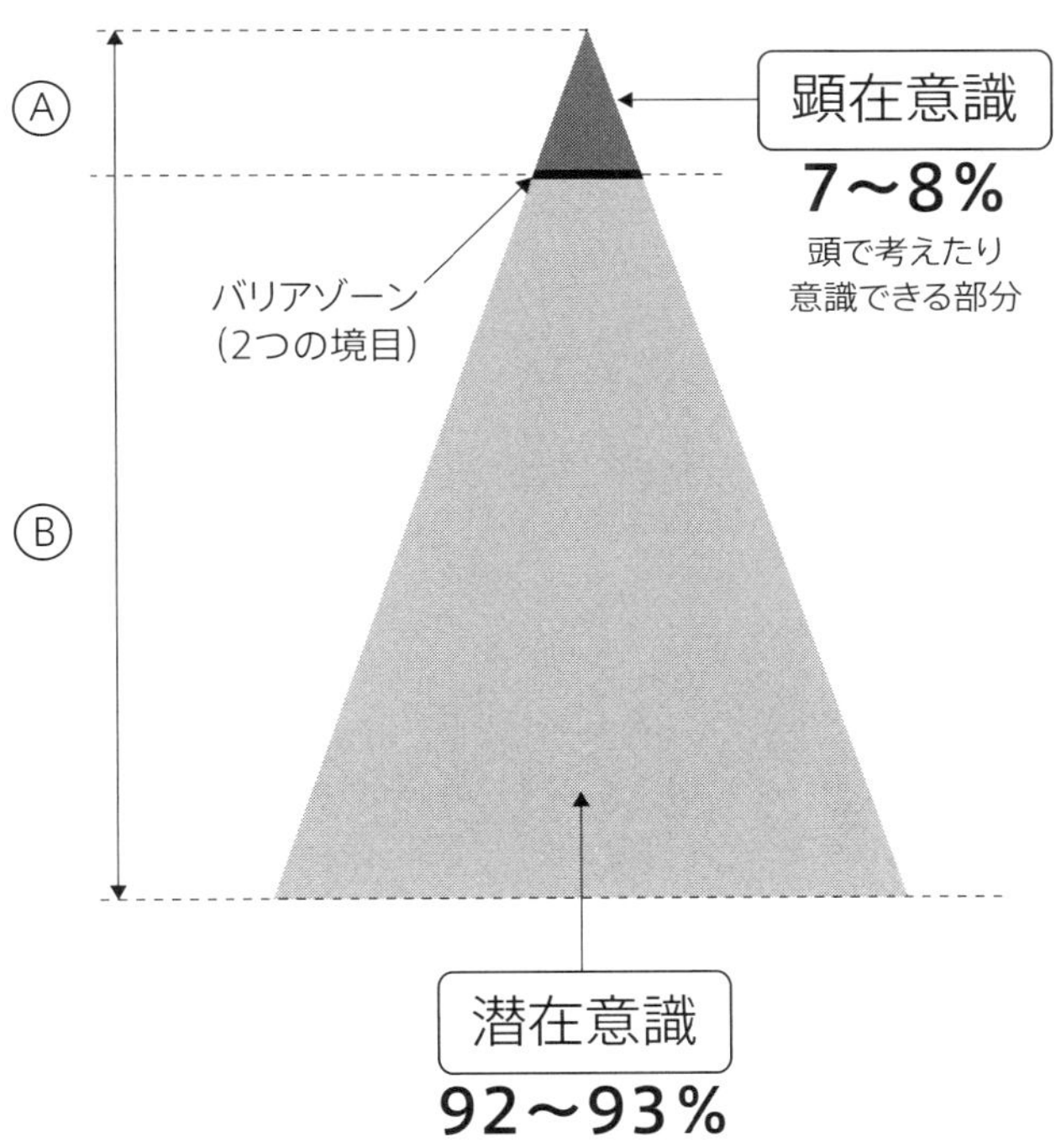

ふだん私たちはⒶの部分しか使っていない。
Ⓑの部分を開発すると、私たちの可能性はとてつもなく広がる。

は人によります。そして、それが人生を大きく左右します。

潜在意識を電気毛布に例えてみます。

あなたが電気毛布を持っているとしましょう。マイナス３度に冷え込んだ夜、外出から帰ってきて毛布のスイッチをオンにしてくるまれば、あっという間に全身がポカポカに温まります。

でもオフのままだったら、ただの毛布ですから、オンの状態には遠く及ばない温まり具合のはずです。

せっかく便利でよいものを持っていても、あなたがスイッチをオンにしないかぎり、電気毛布はその力を発揮できず、あなたも温まることができないのです。

潜在意識もスイッチをオンにすると、潜在能力が引き出され、フルにその力が発揮されるようになります。そして、自動的に目標をかなえてくれるのです。

それだけではありません。なぜかありえない偶然など不思議なことが頻繁に起きるようになり、目標達成を力強く後押ししてくれます。

そんなまさか、と思いますか？

本当です。私が36歳から30年以上、ずっと目標を達成できているのは、努力とか忍耐をしたからではなく、潜在意識を活用したからなのです。何度も不思議なことに助けられてきました。

ではどうしたら、潜在意識が上手に使えるようになるでしょうか？

それは「できない」と思うことを「できる（できそう）」と心底思うこと。

これしかありません。

ただ真面目に努力するだけでは充分な幸せは手に入らない

たとえば、あなたの周りにこんな人はいないでしょうか？

努力家で真面目なのに、仕事や経済面であまり報われていない人。

一方、さほど優秀でもないのにすべてが順風満帆で裕福な人。

いったい何の差がこうした結果をもたらすのでしょうか？

マーフィーはこう言っています。

「正直で勤勉な人が、必ずしもこの世の中で恵まれないのは、潜在意識の使い方が上手でなかったからだ」


なぜ、コツコツ真面目に努力するだけでは必ずしも幸せになれないのか？

それは、「これくらい努力したらこうなるだろう」という、自分で想像できる範囲の目標に対しての努力はきちんとするのですが、想像を超える目標に対しては、それを持つことすら避けて通るからです。

もう少しわかりやすく言います。

たとえば何か目標が思い浮かんだとしても、もしそれが自分の現状からかけ離れたものの場合、夢物語のように思えてしまい、「できない」理由をいろいろ探し出してあきらめてしまうのです。かつての私もそうでした。

そうしてあきらめてしまうと、その人が考えうる目標は7～8％の顕在意識で用が足りてしまうものばかりで、潜在意識を開発しようというところまでいきません。

結果、ほどほどの、あるいはそれなりの、「自分の能力はこの程度だった」と思うようなものしか得られないで終わってしまうのです。
ましてや、目標が全くなかったり、自分の可能性に対してネガティブな場合は、そうしたことがブレーキとなり、努力しても努力しても、決してよい方向へは向かいません。

潜在意識の力を引き出す方法

自分が一瞬でも「なりたい」「やりたい」と思ったにもかかわらず、「できない」と決め込んでしまう理由は、だいたい次のようなものではないでしょうか。

やったことがないから。
自信がないから（できそうに思えない）。
できなかったらどうしよう……。
人にどう思われるか不安。
夢のようなことを考えるよりも現実を見るべきだ。

やらなければならないことが増えて煩わしいから。

「できない」理由を思いついてしまった時点で、気持ちも目標もあやふやになります。これが、目標の実現を邪魔してしまうのです。

逆に、明確かつ具体的に目標設定できれば、望んでいるものがどんどん引き寄せられてきます。

目指すもののイメージが漠然としていては、何も手に入れることはできません。

自分がすでに持っているかけがえのない一番の宝＝潜在能力を引き出すことで、自分でも信じられない可能性がどんどん広がっていくのです。

「できない」と思ってしまうのは、顕在意識によるものです。つまり、自分が思い込んでいるだけです。

一見「できない」ことをかなえるためには、潜在意識を開発すればいいのです。

言い方を変えると、「できない」と思えるようなことをかなえるには、潜在意識を開発しなければできないということです。

プラスのイメージを芽生えさせ、強く、大きく育てていく3つのステップ

では、潜在意識を開発し、プラスのイメージをつくりあげて目標達成するためには、具体的にどうしたらいいでしょうか。

プラスのイメージは、自分の思うままつくることができ、持ち続けることが可能です。でも、「やれそうだ」「大丈夫」と漫然と思っているだけでは不充分です。

次の３つのステップが必要です。

１「目標設定」

こうなりたい、というイメージ（目標）を描く＝プラスのイメージが湧く

２「音読」

日々、目標を潜在意識に叩き込む＝プラスのイメージを強化する

３「行動」

具体的に動く＝プラスのイメージとの相乗効果でどんどんうまくいく

■事例■　目標設定→音読→行動で1年後に達成できた

あきらめが邪魔をして目標が書けない

セミナーで目標が書けなかったことをきっかけに、自分の人生を見直そうと会社を辞めた私ですが、それでも目標はなかなか立てられませんでした。

サラリーマン生活が身についていたせいか、与えられた目標をこなすことには慣れていても、自分自身の目標を設定しようとすると、「できっこない」とか「無理だろう」など、あきらめが先にたってしまうのです。

また、セミナーでは、たとえば家、海外旅行、車などお金で手に入るものは、自分が可能だと思う10倍から100倍のことを目標に、と教えられました。つまり、不可能だと思うことを書きなさい、ということです。

目標を書くことすら難しかった私にとって、さらにそれを水増しするのは、非常に抵抗がありました。不可能なことを書くこと自体、滑稽なことのように思えたし、そんな無謀な目標は無理に決まっていると思っていたからです。今思えば、「無理」というイメージが潜在意識に入ってしまっていたため、ますます目標が立てられなかったのですね。

一方、仕事の出足は順調とは言いがたく、完全歩合制でしたので、経済的にも影響が出始めていました。

そんななか、いつまでたっても書けないままではらちがあかないと思い、「しかたない、なんでもいい、いい加減に決めちゃえ」と、自分の名刺の裏に書き込みました。

確か、こんなふうに書いたと記憶しています。

◎年収1000万円

◎7階建ての自社ビル建築

年収について言えば、本当の目標は2000万円でした。教えられた通りにするならば年収2億円とか20億円と書くところでしょうが、内心では「どうせできっこない」とあきらめていたため、どうしても書けませんでした。1000万円というのは、顕在意識で考えた「頑張ればなんとか達成できそうな範囲」だったのです。

音読で「できっこない」が「できそう」に変わった

セミナーでは、「書いた目標を音読しなさい」と教えられました。でも、私は書いたまま放ったらかしにしていました。

2～3カ月たったある日、電車に乗っていたときに背広のポケットからその名刺がひょっこり出てきました。「そういえば音読やってなかったな。お金も時間もかからないんだし、とりあえず1週間やってみようか」と始めることにしました。

目標を設定したものの、まだ仕事の状況はパッとしませんでした。音読をする気になったのは、そうした切羽詰まった状況が大きく影響していたと思います。

◎1日目………自分で立てた目標なのに、「できっこない」と思っていましたから、音読するのがつらかったです。「音読なんて本当に効果あるのだろうか」「面倒臭い。投げ出したい」「でも1週間やると決めたんだからやるか……」とかなり後ろ向きな気分でした。

◎3日目………「ん？」。それまでとは違った感覚が出てきたのを感じました。「達成できそう」と思えたわけではありませんが、「できたらいいな」と思えるようになって、投げ出したくなくなったのです。

◎1週間後……「できるかも」「できそう」と思えるようになり、ワクワクし始めました。

1週間後からは、不思議なことにどんどん行動できるようになり、カベにぶつかることも多くなりましたが、そのたびに私の心のクセや習慣に変化が出てきました。

気がつけばすべてがかなっていた

1年たって、「年収1000万円」という目標が実現していました。

「7階建ての自社ビル」については、しばらく音読していたのですが、その後は何度か目標を書き換えるなかですっかり忘れていました。でも、あとで気づいたのですが、1991年（平成3年）に建てた今の本社ビルがなんと7階建てなのです。

ただの偶然かもしれませんが、私には、顕在意識では忘れ去っていても潜在意識に刻み込まれていたために実現してしまったと思えてなりません。

マイナスのイメージを持っていると、努力しても努力しても報われません。

プラスのイメージを持っていると、努力をしなくてもどんどん実現していきます。

イメージをバカにせず、しっかりと味方につけることが大切です。

ちなみに、1年で潜在意識の偉大さを納得した私は、それ以降、10倍〜１００倍のことを目標に掲げるようにしています。

［基本実践編］
3ステップで自分のイメージ通りになる

Step 1

ステップ1■目標設定
「こうなりたい」というイメージ（目標）を描く

目標は「未来の自分のイメージ」。
できるだけリアルに具体的に描いてみましょう。

①目標の見つけ方

「こうなればいいなあ」「ちょっと無理かなあ」「贅沢かなあ」と思うことに着目

目標というのは、「人生の設計図」だと思います。

たとえば家を建てるときに、設計図がないとどうなるでしょうか？建つかもしれませんが、作業は効率的に進まないでしょうし、建ったとしても、しばらくしたら家が傾いてしまうでしょう。

もしくは、「船の舵」だと思います。

舵のない船は、どこに行くのかさっぱりわからない、まるで漂流船です。

人生、目標がなくても生きてはいけます。いけますが、そのほとんどが方向の定まらない人生になり、晩年「こんなはずではなかった」となりやすいのではないでしょうか。

どんな人生にしたいのか。

今からどこに向かって行きたいのか。

目標は、いわば「未来の自分のイメージ」です。

その目標をしっかりと見つけ出すことが大事——と頭では理解できても、実際にはピンとこない人のほうが断然多いでしょう。

自分の目標なのだから自分が一番わかっていて当たり前、と思うかもしれませんが、かつての私がそうであったように、目標なんて考えたこともない人も多いはずです。仮に考えたことはあっても、あきらめていたり、自信がなかったり、我慢してしまったりなどで、埋もれてしまっていることも多いのです。

自分の目標を探り出すヒントは、自分の本音、自分の望み――「やりたいこと」「ほしいもの」「なりたいもの」に注目してみることです。

仕事、趣味、生活全般……何についても「自分の現状」がありますね。それに対して、本当はどんな「自分の望み」があるのかを考えてみます。

今はまだかなえられそうにないけれど、いつかそうなったらいいなと思うこと、ちょっと無理かな、贅沢かなと思うこと、あきらめていたことなどをピックアップしてみましょう。

この「現状」と「望み」の「差」が「自分の問題」であり、「目標」の候補です。

それぞれを「個人的な目標」「仕事上の目標」「生きるうえでの目標」に分けて考えてみましょう。

②目標を具体的に設定する

紙に書き出してみましょう

自分の現状と望みを知り、その差を知ることで、自分の目標（問題）が浮かび上がります。すると、次はそれに対して「こんなふうにしたい、なりたい（解決したい）」と思うでしょう。それが、「目標設定」です。

目標設定は、内容をよりこまかく具体的に、たとえば家を建てるという目標なら、洋風か、和風か、町なかか、山側か、海側か。屋根の色や形は？　などをイメージします。そして、必要に応じて期日や予算等も考えます。

例●Aさん

◎個人的な目標

・箱根に別荘を持つ（芦ノ湖に近い、白いコテージ）※5年後／予算4000万円

◎仕事上の目標

・新規プロジェクトを成功させる

◎生きるうえでの目標

・周りから信頼され、慕われる人になる

例●Bさん

◎個人的な目標

・毎年、世界遺産をめぐる海外旅行をする　※来年から／予算　毎回50万円

◎仕事上の目標

・健康と美容に関するネットショップのオープン

◎生きるうえでの目標

・生涯現役で、健康で若々しく、活動する

リアルに具体的に目標設定すると、それを手に入れたときのイメージが湧いてきま

す。この、イメージが大事なのです。

なぜなら「すべてはイメージ通りになる」というのが、潜在意識の法則だからです。

西武からメジャーリーグのレッドソックスに移籍した松坂大輔選手は、小学校6年生のときに「将来100億円プレイヤーになる」と言っていたそうです。

なぜ100億円かというと、「その当時大活躍していた清原選手の年俸が1億円だったので、自分がプロでプレイする頃には100億円だと思ったから」

そして現実に、西武ライオンズに支払われた移籍金とレッドソックスとの契約金の合計は120億円でした。

ただ頭で考えるよりも、紙に書き出してみるといいでしょう（70ページの「目標設定シート」にご記入ください）。

■目標は不可能と思うことでもＯＫ

「できなかったら傷つく」「夢よりももっと現実的なことを考えるべきだ」など、先回りしてできないことを心配してしまったり、結果を考えてしまうことは、目標を持つ際の邪魔になります。

現状を考えてあきらめたり、結果を先に考えてしまうのではなく、自分の正直な「やりたいこと」「ほしいもの」「なりたいもの」にスポットライトを当ててみてください。目標は「不可能」と思うことでいいのです。

定シート

❷目標を具体的に設定する

自分の将来のイメージを具体的に描いてみましょう

◆個人的な目標

◆仕事の目標

◆生きるうえの目標

★最低１週間、「音読」します

目標設

❶目標を見つける

自分の望みや本音をいくつでも書き出してみましょう

◆個人的な目標

◆仕事の目標

◆生きるうえの目標

★具体的な目標にするものを決めて❷へ↗

※予算が必要な場合は、具体的に金額を設定しておきましょう。

Step 2

ステップ2■音読
日々、潜在意識に刻み込み、プラスイメージを強化する

ワクワクできるようになるまで音読します。

ワクワクするのは、目標イメージが潜在意識にインプットされたサインです。

できそうもないと思うことだからこそ「音読」する

顕在意識はたった7~8%しかないのに比べ、潜在意識は92~93%と圧倒的です。

では、この潜在意識を活用して潜在能力を使うにはどうしたらいいのでしょうか?

目標設定のセミナーで教えてもらった最も効果的な方法が、「音読」です。最低1週間、目標設定した内容を朝晩、声に出して読み上げ、自分に言い聞かせるのです。

そうすると、初めは「できそうもない」と思っていたことが「もしかしたら……」になり、だんだん「きっとこうなるに違いない」と信じ込めるようになっていきます。

目標が達成できたときの実感が伴うくらいワクワクしたら、潜在意識にしっかりイン

プットできた証拠です。

「目標を見つける」のところで、「目標は不可能と思えることでいい」と言いました。

理由は、音読は「できそう」「できる」と思えるまで続けるからです。

信じ込めたことは必ずかなうからです。潜在意識に任せておけば、忍耐だ、根性だとか言う必要もなく、目標がかなってしまうということです。

ところが、ちょっとでも「無理じゃない？」「できないかもしれない」という不安や疑念が湧くだけで、目標イメージが弾き返されてしまいます。

効果的な音読の方法

音読は、気持ちを集中できるような静かな場所で行うのが最適です。

1日2回、朝と夜が理想ですが、あまり時間帯にこだわらなくてもいいでしょう。

特に、眠りに入る前のウトウトしたときには最適と言われています。顕在意識と潜在意識の間にあるバリアゾーンという部分に穴が開きやすくなって、目標イメージが潜在意識に入りやすくなるそうです。

音読する期間は、個人差がありますが、1週間～3週間が目安です。

音読しているときワクワクし始めたら、潜在意識が「できる」方向に働きだしている証拠です。

ワクワクは目標達成するためのエンジンです。ワクワクするからうまくいくのです。「できそう」と思えるようになったら、音読はやめても大丈夫です。

音読していてもワクワクしないとき、「無理では？」という思いが消えないときは、潜在意識が活性化されていないか、本当に潜在意識が求める目標ではないというサインです。本当に自分が燃えられるものは何か、目標を立て直してみるとよいでしょう。

■写真やイラストでもイメージを高めましょう

プラスイメージを高めるには、音読（言葉）のほか、視覚に訴えるとイメージが強烈に入りやすくなると言われています。自分の目標がかなった様子を写真やイラストなどにするといいでしょう。

今、私の仕事上の目標は、ニューヨークのティファニー本店の隣にラウンジ（販売拠点）をつくることです。その実現イメージを合成写真にして毎日眺めています。

Step 3

ステップ3■行動
行動するとどんどんうまくいく

行動なき目標はただの妄想。
努力は必要ありませんが、行動（挑戦）は不可欠です。

音読と行動のセットが達成を強力サポート

「ステップ3　行動」とありますが、実際には「ステップ2　音読」と同時並行します。音読すると潜在意識が活性化すると言いましたが、それで安心しきってしまうのは禁物です。日常の考え方の習慣によっては、知らず知らずのうちにマイナスのイメージが頭をもたげてきて、顕在意識が優位になり、7～8％の範囲で生活してしまっていることがあるからです。

音読とともに、今できることからひとつずつ行動していくと、潜在意識が刺激され、プラスのイメージとの相乗効果でどんどんうまくいくようになります。

音読と行動は切り離せません。このセットが目標達成を強力に後押しするのです。ワクワクしながら「できそう」と信じ込めるようになったら、音読はやめて行動だけでも大丈夫です。

私は、潜在意識を活用した目標達成には努力がいらないと言いました。努力はいりませんが、行動（挑戦）は必要です。行動の伴わない目標は、ただの妄想でしかないからです。

「自分の問題解決」ではなく「相手の問題解決」が大切

目標の内容は、大きく2つに分けられるでしょう。

1　お金そのもの、あるいはお金で買えるもの
　例……家、旅行、貯金、車など

2　お金で買えないもの（もしくはお金だけではかなえられないもの）
　例……大きな大会やコンクールへの参加、資格取得、恋愛、結婚、人間関係や自己向上など

目標設定の際、リストアップされたものには「お金そのもの」あるいは「お金で買えるもの」が多いのではないでしょうか。私がセミナーで教えてもらったときも、まずそうしたものをリストアップしなさいと言われました。

そうした場合の「行動」で気をつけたいことがあります。

目標をかなえるためにより頑張って収入を得るのはいいことですが、「お金というものは、人に喜んでいただいた結果、めぐってくるもの」だということを忘れてはいけない、ということです。

本来、収入というのは、自分が扱っている商品やサービスによって「相手の問題解決」（お客さまの望みをかなえること）のお手伝いをし、喜んでいただいた結果、初めて得られるものです。

これが理解できていないと、いつまでたっても目標は達成できません。

人によっては、「自分の問題解決」のために相手を利用して収入を得ているケースもあるかもしれません。でもそれは、一時的にうまくいっているように見えるだけで、いつか必ず行き詰まります。

第一、人を利用するようなイヤな人は、いくらお金を得ても人の信頼や好意は得られないため、幸せにはなれません。

私どもの会社の販売代理店の方の例です。以前は、複数の会社を経営していましたが、事業が失敗して数億の借金を抱えてしまいました。何度も自殺を考える日々のなかで、現在の仕事に出会い、最初は、借金返済（自分の問題解決）のためにしゃにむに頑張ったといいます。

自分の問題解決ということは、「買ってほしい」という気持ちが勝っていたということです。そういうときは「売り」が強くなり、相手の問題解決が眼中から消えていますから、一時的に売上げが伸びても必ず低迷してきます。

そんなときに、私のセミナーで「決して〝売り〟があってはなりません」「〝自分の問題解決〟ではなく、〝相手の問題解決〟ですよ」という話を聞き、ハッとしたそうです。

「いかにお客さまのお役に立てるか、喜んでいただけるか」――視点と行動を切り替えたところ、売上げはどんどん伸び、莫大な借金は約20年で完済したそうです。

現在は、富士山がきれいに見える横浜市内の高台に素敵な邸宅を構えていらっしゃいます。

行動することで見えてくるもの

目標設定し、行動を起こすということは、目標に挑戦することです。

なにごとも挑戦しているときは、さまざまなカベにぶつかります。

そのなかで、今の自分が、どういう自分なのかがわかります。

それは、自分には何が余分で、何が足りないのかを知ることです。そういう気づきや反省が生まれることです。

そうすると、心のクセや習慣が変わります。

心のクセ、習慣が変わると、考え方が変わります。

考え方が変わると、周り（仕事の環境や状況）が変わります。

そして、結果が変わってきます。

私は脱サラ直後、どうしたらうまくいくか、結果が出るか、そればかり必死に考えていたにもかかわらず、全然ダメでした。

目標を設定し、挑戦してみたら、カベにぶつかり、反省や気づきが生まれ、心のクセ、習慣が変わってきたら、考え方も周りも変わりました。

すると、今まで出たことのないような結果が出るようになりました。

これは本当にすごいことです。頭のなかで理屈をこねくり回していたときの悪戦苦闘はいったい何だったんだろう？　というくらいスムーズに結果が出たのです。

たとえば、「相手の問題解決」を優先しなければいけないのに「自分の問題解決」にばかり頭がいってしまうことがあります。この場合は、自分さえよければいいという自己中心的な考え方が邪魔してしまうからです。ということは、自己中心的な考えが余分なのだとわかります。そうしたら、それを少しずつ削っていけばいいのです。

そういう意味では、挑戦することは私たちが成長するうえでも非常に重要です。

目標設定をする際、結果だけにとらわれすぎるあまり、結果が出そうにないと挑戦しない人が多いのですが、とてももったいないと思います。達成すること以上に、その過程で自分の過不足に気づき、修正していこうと挑戦することが、とても大切で尊いことだからです。

真剣に挑戦するから気づきが生まれる

自分にとってどんな過不足があるのか——。

これは「できて当たり前」のことばかりやっていたのでは、いつまでたっても気づくきっかけがありません。

ちょっと自分には難しいかもしれないと思えるような目標を設定し、真剣に挑戦していくからこそ、そうした気づきを得るきっかけになります。挑戦している「つもり」のときはダメです。

私どもの販売に携わっている人のなかでも、真剣に挑戦している人は、気づきの連続です。「こういうことに気づきました」と、ほとんど1日1回メールがきます。

気づきは、目標を達成するために与えられた課題です。

そして、この気づきが自分を変えてくれます。

みなさんのなかで、これまで「変わりたい、変わりたい」と思っただけで変われた人はほとんどいないと思います。人の心の持ち方のクセ、習慣は根強いからです。でも真剣に目標に挑戦していると、知らず知らずのうちに変わっていくはずです。

私どもの会社では各種セミナーがあります。私が講師を務めるときは、決して教えようとは思わないようにしています。気づいてもらいたいからです。

正確に言うと、セミナーで気づくというよりも、セミナーを聞きに来て、それをもとに現場で行動して「あっ、こういうことだったのか」と気づく、そうした繰り返しを大事にしてもらいたいと思っています。

ですから、参加者には毎回、「知識を得ようとは思わないでいただきたい。知識も大切ですが、それ以上に〝気づき〟が大事なんです」と言っています。

知識というのは、ある事柄に関してよく知っていること（またはその内容）です。ある程度なら机の上でも得られることです。

それに対して気づきは、何かのきっかけで「ハッ」とすることです。頭だけでわかるものではなく、行動が伴うことによって得られることが多いのです。

否定的な思いや言葉は、自分へのマイナスの命令

「できないかもしれない」と考えると、本当にできません。「大変なのよねえ」「疲れちゃうのよねえ」と口に出すと、本当に大変になり、疲れてしまいます。

自分が抱く思いや自分が発する言葉は、自分への命令であり、予言です。目標に向かう行動のなかで、否定的な言葉を使わない、否定的な思いを抱かないという習慣をつけることは、非常に重要なイメージコントロール術です。

物事の受け止め方をプラスに変えれば、潜在意識も「できる」方向（プラスイメージ）にスイッチが入れ替わります。

これを意識して心がけるだけでもどんどん違ってくるはずです。３章の「感謝」や「積極的自己宣言」も参考にしてください。

【受け止め方】

だれかに何かイヤなことを言われたとき

×腹をたてる

○「私を鍛えてくれてありがとう」と受け止める

叱られたり注意されたとき

×落ち込む

○「気づかせてくれてありがとう」と受け止める

【言葉の使い方】

難しい　↓　やりがいがある

できない　↓　やってみよう

大変そう　↓　楽しそう

すみません　↓　ありがとう

目標設定は自分との楽しい約束

目標は、「未来の自分のイメージ」です。

目標設定するということは、自分の現状と望みとのギャップに目を向け、目標を掲げ、そこに向かっていくことを決心することです。

つまり、自分の未来に対して自分自身と約束をすることです。

今の自分というのは、自分が過去に自分自身とどんな約束をして、それをどれだけ守ってこられたか、という結果なのです。

普通、私たちは人と交わした約束は簡単に破ることはできません。相手に迷惑をかけたり、自分自身の信用に関わるからです。でも、自分との約束は簡単に破りやすいものです。

破ってしまうのは、「できない」とあきらめてしまったときです。そしてあきらめた段階で、それは失敗したことになります。

過去と他人は変えられません。

でも、将来の自分は変えることができます。

将来の自分はどうなりたいのか？

そのためにはどうしたらいいのか？

今から自分と何を約束して、それをどれだけ守っていこうとするかによって、将来はいかようにも変わります。

もしも約束が守れなかったら、再度、約束すればいいのです。そうして守り抜けば失敗はありえません。約束というと何やら窮屈な印象ですが、未来の自分のイメージを描くのですから、こんな楽しいことはありません。


私の場合、36歳のときから始まった「目標設定」「音読」「行動」という一連の動きは、もはやクセといっていいくらいに自然なことです。

たとえば、私はスキーが大好きですが「1級になりたい」と思ったら、「それを目標として挑戦するのは当たり前でしょう、だから練習しましょう」といった感じです。

挑戦してすんなりクリアできることばかりではありませんが、できたかできないかは別にして、私の場合、「挑戦するほうが楽しい」というふうにインプットされているのです。「挑戦しなければならない」のではなく、「そのほうが楽しい」というところから入っていきます。

目指すものがあればあるほど、毎日が楽しくなる――目標や挑戦というのは、きっとそういうものだと思います。

■ワクワクしなくなったら「音読」に戻る

目標がはっきり決まっていると、潜在意識が活性化してワクワクします。

目標があるのに日常（行動）のなかで落ち込むようなことがあったり、どうしてもワクワクしない場合は、顕在意識のほうが優先になっているサインです。

そのときは音読からやり直しましょう。

うまくいかないときほど、プラスのイメージを湧かせることが大切です。

ふつう私たちは、「できそうなこと」は「やってみよう」と思い、「できそうもないこと」は、最初からあきらめてしまいがちです。

「できそうなこと」というのは、努力すれば達成できそうなレベルのことです。目標達成は顕在意識だけで充分こと足りてしまい、潜在意識の途方もないパワーを使うには至りません。

私はあえて「できそうもないこと」への挑戦をおすすめします。自分の力を超越したような目標を設定し、できると信じられるようになるまで音読し、行動する。そのなかで、潜在意識が開発されていくからです

「できそうもないこと」のなかには、リスクが伴うものもあるでしょう。自分や家族、周囲にとって、あまりリスクが大きいものは避けるべきです。

でも、もしリスクを伴わない挑戦ならば、自分の可能性を広げる、またとないチャンスです。

［上級編］目標設定を突き詰めると「使命感」に行き着く

いつまでもお金やモノでは燃えられない

目標設定する場合、最初はほとんどの人がお金そのものか、お金で手に入るもの——たとえば、収入、家、旅行やレジャー、車……といったあたりをリストアップします。

私の場合も、目標設定というのはそういうものだと思っていましたから、最初の目標は「年収1000万円」でしたし、それを達成したあともしばらくの間、リストアップされるのは、お金やモノばかりでした。

最初のうちは燃えながら行動できましたが、そのうちだんだん燃えられなくなりました。設定、音読、行動というステップをきちんと踏めば達成できるとわかっていましたから、ある程度のところまでくると気持ちが昂揚しなくなるのです。

そしてあるとき、情熱が全く湧かず、「あれ、なんだか力が出ないぞ」というふうな自分になってしまいました。疑問も出てきました。

「はたしてこれでいいのだろうか？」

「本当にやりたいことは、まだほかにあるんじゃないか？」

そこで私は気づきました。

いつまでもモノやお金だけでは、燃え続けられないということです。

人間、行き着くところはモノやお金じゃないのです。

じゃあ、何なら燃え続けられるか？

「使命感」なんです。

ある日、自分の使命がストンと腹に落ちた

私の使命は「ホームエステを通して、たくさんの女性に、きれいになることをきっ

かけにより幸せになっていただくこと」です。

なぜ女性かというと、仕事上、お客さまの圧倒的多数が女性ということもありますが、女性は偉大な存在であり、周囲に及ぼす影響力が強いからです。

「女性が変われば、世界が変わる」という言葉があります。一人の女性が幸せになると、子どもや夫、地域や社会へとつながり、やがて世界をも変えていきます。

使命などというと、ちょっと堅苦しいイメージを受けますが、私にとってはとても楽しいワクワクとしたものです。

「使命」とは、「使者として命じられた任務」とか「課せられた務め」のことです。ほかの言葉で言い換えるならば、天職とか天命、自分の本当の生き方でしょうか。

命を使うと書くくらいですから、本来、命をもらって生まれてきた人すべてに「使命」があるのでしょうが、いつの間にか意識の下に埋もれてしまい、思い出せないまま過ごしてしまうのかもしれません。

そして埋もれてしまった使命は、何かに真剣に挑戦しているとき、自分を掘り起こすような日々のなかから再び顔を出してくるのだと思います。あるお医者さんは、

「自分の使命に気づいた人はだれでも天才になれる」と書いておられました。

学習塾時代の私は、表向きの理念だけで事業経営していました。当然、使命感などなく、業績や事業拡大だけを追求していました。

現在の仕事に取り組み始めたころ、理念はありましたが、使命はわかりませんでした。そこで、これは頭で一生懸命に考えて出るものではないから、いつか使命を見つけ出すことを自分への宿題としようと思って、ふだんはあまり気に留めないようにしていたのです。

そうしたら、1年くらい過ぎたある日、自宅で皿洗いをしていたときに急にお腹の中で「ストン」と音がした。

あれっ、なんだろう？　そう思ったのと同時に、自分の使命に気づきました。

私の使命は、ホームエステを通して、たくさんの女性に、きれいになることをきっかけにより幸せになっていただくことなんだ、と。

私は、使命というものはそれまで自分が意識したことのない、全く新しいことが突如降って湧いてくるものだと思い込んでいましたが、違うんですね。いままさに夢中で真剣に取り組んでいること、そしてそのなかでとりわけ意義が感じられることが、そのまま使命になるのです。

私の場合、使命に気づいたときに、大地にしっかりと自分の根を下ろしたという感覚になりました。「腑に落ちる」という表現がありますが、「ストン」はまさにそんな感じだったのです。

私はセミナー等で3日間立ち通し、しゃべり通しになることもあります。「大変ですね、お疲れになるでしょう」と言われますが、私自身は楽しくてしかたないんです。ワクワクします。参加者のみなさんの目がキラキラしているときなどは、よけいそうです。

なぜ疲れないか、楽しいか、ワクワクするかというと、自らが使命感でやっていることだからです。

目標と使命の違い

目標というのは、ある期日までに達成したいことです。また、設定、音読、行動の3ステップでほとんどが実現できることといえるでしょう。

一方、使命は、死ぬまで追求し続けるものであり、期限はありません。

ですから、使命が果たせた、果たせないという表現はないと思います。

簡単に達成する使命なんて、そんなのは使命とはいわないのではないでしょうか。

〝命を使う〟くらいですから、死ぬまで実現できないものなのかもしれません。

自分の使命を見つける一番いい方法は、目標を何度も書き換えていくことです。つまり、リニューアルしていくのです。

たとえば、あなたが家を建てるという目標を設定したとします。それが実現した段階で「もうこれで充分」と思ってしまったら、それ以上潜在意識が開発されなくなります。そこで満足せずに、さらに考えてみるのです。

自分は家を建てるために生きているのだろうか？　家は生きるために必要ですが、

そのために一生があるわけではないはずです。そこで次の目標設定をします。
それを何年か繰り返していくと、お金やモノを超えて、「使命感」に行き着きます。

ギラギラからキラキラへ

心理学者のアブラハム・マズローによれば、人間の欲求は5段階のピラミッドのようになっていて、下位の欲求が満たされるとその1段階上の欲求を目指すようになっているそうです（「マズローの欲求段階説」）。

人間の欲求とは、一番下から次の5つだと言われています。

・生理的欲求（人間が生きるうえでの衣食住等の根源的な欲求）
・安全の欲求（人間が生きるうえでの衣食住等の安全・安定的な欲求）
・親和の欲求（他人と関わりたい、他者と同じようにしたいなどの集団帰属の欲求）
・自我の欲求（自分が集団から価値ある存在と認められ、尊敬されることを求める認知欲求）

・自己実現（自分の能力、可能性を発揮し、創造的活動や自己の成長を図りたいと思う欲求）

たとえば、食糧難に苦しんでいる人や戦争のまっただなかにいる人にとっては「生理的欲求」「安全の欲求」が最優先であり、これを満たさない限り、「親和の欲求」には目が向きませんが、平和な暮らしをしている人は、すぐに「親和の欲求」にいくでしょう。

そして、最終的に行き着くところは「自己実現」です。

目標設定は、最初のうち、お金そのものかお金で手に入るものをリストアップすることが多いと言いましたが、この法則から考えれば、至極当然のことといえます。物事には順序、過程があるということです。一時期はお金やモノを求めるのは当たり前。お金やモノがある程度満たされないと「自己実現」には行けないのです。

問題は、お金やモノからいつ卒業するか――。

いつまでたってもお金やモノだけにとらわれているような、「欲」だけに突き動かされ続ける人生はむなしいと思います。

人間の欲求（マズローの欲求段階説）

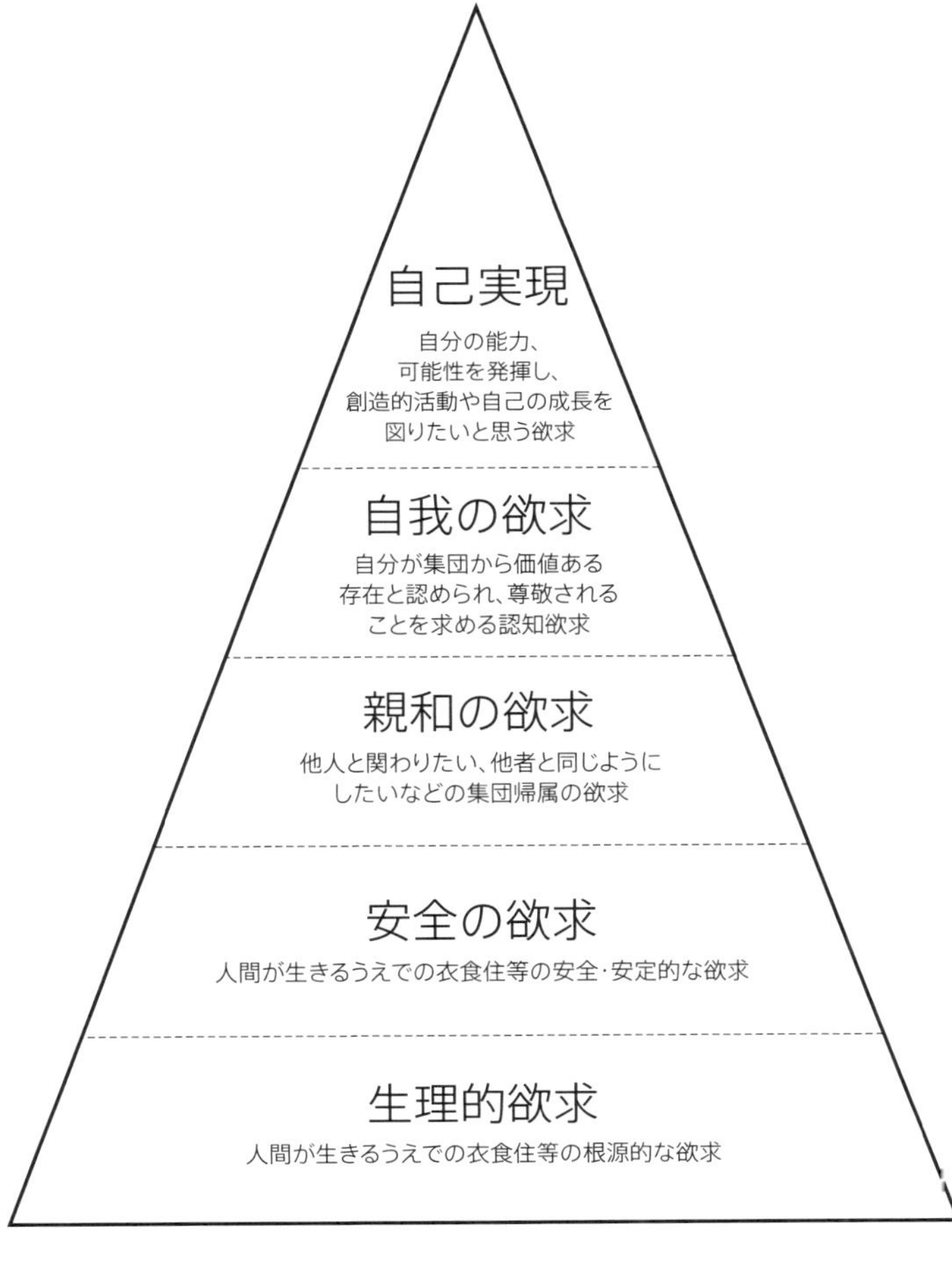

お金やモノだけを追求し続けていると、人は無意識のうちにギラギラしてきます。

でも使命感に燃えているときは、キラキラした雰囲気に変わるように思います。

目標設定の本当の意味

この章の最後に、どうしても言いたいことがあります。

それは、目標設定の本当の意味についてです。

私が目標設定などの話をすると、「欲がない生き方をしている人に対して、無理やり欲を引き出させて仕事をやらせようとするのか」という批判をいただくことがあります。

世の中には、たしかにそういう手法で仕事のモチベーションを上げさせようとする企業もあるのかもしれません。

でも私の意図は、そんなところにはありません。

これまで何度も繰り返してきましたが、目標を設定し、挑戦するということを経験していただきたいのは、お金やモノを追求する次元を超えて、自分の使命にたどり着くまで挑戦していっていただきたいと思うからです。

目標設定は、人が使命感を見つけるためのきっかけです。

行き着くところは使命感。ぜひ、これを追い求めていただきたい。

そして、目標に燃えられないときは、みなさんひとりひとりのお腹のなかに、違う目標＝「使命」が隠されているということを知っていただきたいと思います。

もうひとつは、自分の能力や可能性に気づいてもらうことです。

この26年間、セミナーや講演を通して延べ20万人を超える方々に接してきた私の印象では、本当はほとんどの方が「望み」を持っているにもかかわらず、それを目標に置き換えることをはなからあきらめてしまっています。

「自分には無理」「そんな力はない」という思い込みがあるからです。

「あの人は才能があるからできるのよ、私は才能がないから無理」などと、自分で自分を差別に追い込んでいる人もいます。

でも、それはあまりにももったいない「誤解」です。

「才能はたいていの人が持っている。が、才能のあるなしじゃなくて、それを発揮するエネルギーがあるかどうかが、分かれ道」

これは、「となりのトトロ」「崖の上のポニョ」等のアニメで有名なスタジオジブリの宮崎駿さんがおっしゃっていた言葉ですが、そのエネルギーとなるものこそが「目標設定」だと私は思います。

目標を持ち、自分の潜在能力を開発し続けていくということは、自分の力で幸せになっていけるということ。そして、自分が素晴らしい能力を持っていることに気づくということです。

また、目標設定は、本人以外にも大きな影響を与えます。

もしも、母親が目標に向かってチャレンジしていれば、その子どもは目標を持つことを当たり前のこととして受け止めます。親や先生からのお仕着せではなく、自分自身の意思で、夢や目標を描けるようになるはずです。

夢や目標が持てる子どもは、希望を持っているということ。もうそれだけで、素晴らしく幸せなことです。

3章

幸せは「感謝」から始まる

自分の過不足に気づき、変えていく挑戦

2章で触れたように、目標を設定し、音読するようになってから、それまで「どうせ無理」と思っていたことが、「できる（できそう）」に変わりました。ワクワクしてすっかりその気になれるため、どんどん行動できるようになりました。そして行動すればするほど、結果が出やすくなる一方、カベも出てくることに気づきました。

カベというのは、自分自身の「課題」です。

その当時の私の目標は、脱サラしたばかりということもあって経済的なことが中心でした。いわば、いかに収入を上げるか、です。

でも、収入を得るということは「相手の問題解決」ですから、ひとりよがりに頑張っても結果は出ません。特に当時は、セールスの仕事ですからお客さまとマンツーマンの関係です。お客さまにとって私という人間がどう映るか、お客さまに対して私がどう関わり、どういう存在になるかが大事なわけです。

その私が、不平不満のかたまりで、自己中心的で、わがままで、人嫌い……なのですから、うまくいかないのは火を見るよりも明らかです。

こうしたネガティブな性格が、私の行く手を阻むカベ＝課題だと気づきました。カベというのは、性格面での「過剰なところ」と「不足しているところ」です。たとえば、不平不満のかたまりは、感謝が「不足」しているからであり、自己中心的になってしまうのは、自分への「過剰」な関心があるからです。

私にとって、カベは1つや2つではありませんでした。カベをなくすということは、ほとんど性格を変えるようなことだったのです。

心のクセ、習慣を変える

私は、性格は生まれつきのものだから、変えるなんて不可能ではないか、とあきらめていたのですが、だんだんと、いや待てよ、もって生まれた性格なんてごく一部で、大部分は生活のなかでしみついたものではないだろうか、と思えてきたのです。

そもそも性格というのは、目の前の出来事に対する反応パターンのようなものです。

要は、単なる心のクセや習慣なのだと思いました。

クセや習慣なのだから、自分で変えればいいのです。

長年しみついたクセや習慣は強力で、そう簡単には変わらないかもしれないけれど、日常的に意識して繰り返していけば、そのうち切り替わっていくだろうと思いました。

「本来、人の能力に差はなくて、あるのは習慣の差である」という話も聞いていましたので、要は新たな習慣づけをすればいいと思ったのです。


また、過不足を修正する（心のクセ、習慣を変える）には、次の２つが大事だと考えました。
◎いいと思うことは全部すぐやってみる
◎よくないと思うことはすぐにやめる
そうしてどんどん新しい習慣に切り換えていくのです。

私は単純なのか、あるいは、かなりひっ迫していたのでやらざるをえなかったせいか、いちいち深く考えずに切り換えていくことができました。

カベにぶつかると、「やっぱり自分には無理」「自分は変われない」と思い込んでしまい、やる気も目標も見失う人がたくさんいますが、もったいないことです。

人間は変われます。

心のクセや習慣を変えればいいのです。

それがわかると、自分をコントロールすることがとても簡単になります。

3章では、こうした私自身の過不足への挑戦の軌跡を軸に、幸せに関する思いをまとめてみました。

①「感謝」することは幸せに気づくこと

幸せというのは、「希望」「感謝」のことです。言い換えれば、この2つが幸せのモトです。

なぜ、感謝が幸せのモトなのでしょうか。

幸せというのは、確固たる状態があるわけではなく、心の持ち方や状態によって幸せに感じたり、不幸せに感じるだけです。

私は、人は希望を感じるとき以外、どんなときに幸せを感じるだろうかと考えてみました。

「ああ、幸せだなあ」としみじみ感じるとき、喜びを感じ、そして「ありがたいなあ」という感謝の感情がしぜんとこみ上げてくると思います。

ということは、逆説的な発想ですが、「幸せの正体とは〝感謝〟である」と言えると思うのです。

幸せだなあと感じるとき、感謝の気持ちでいっぱいになるとしたら、毎日、あれも感謝、これも感謝と思える人は、それだけ幸せを感じる回数が増えます。

反対に、何を見ても喜べない、感謝できない人は幸せを感じることができません。

感謝することは幸せに気づくことであり、感謝することから幸せが始まるのです。

当たり前のことから喜びや感謝を探し出す

かつて私は、不平不満の名人でした。

何を見ても聞いても、いちいち不平不満のネタとなる喜べないことを探し出すことが大の得意でした。人を見るときもイヤなところを先に見てしまう、そんな名人でした。いいこと、楽しいこと、うれしいことを探すよりも、なんて面白くないんだろうということをつい探してしまう。いや、探さなくてもつい目に入ってくる、頭に飛び込んでくる、という感じでした。典型的なマイナス思考です。

そんなふうでしたから感謝や幸せとはほど遠く、常に、楽しくないな、面白くないなという、どんよりとした気分だったと思います。

目標設定し、行動するなかで最初に気づかされたことは、せっかく音読で「できそう」とワクワクできるようになった一方、私のこうしたネガティブな性格が災いし、現実の生活のなかで、楽しくないな、面白くないなという気分が混じってしまうということでした。せっかくプラス方向を見ているのに、心のクセ、習慣がマイナス方向に足を引っぱっているようなものです。

そして、不平不満を持っていると自分自身が楽しくないし、周りにも楽しくないものが伝わっていってしまうことにも気づき始めていました。

私は、そのためにはまず、喜べることを増やし、心を感謝でいっぱいにしてみようと考えました。一番手っ取り早いのは、身近なことや今、当たり前だと思っていることのなかから喜びを探すことでした。

その当時、私の身近に「喜び探し」のいいお手本がいました。「けっこうゲンさん」とみんなから呼ばれていた50～60代の男性です。一見よくないことや困るようなことに対しても「けっこう、けっこう」と喜ぶのです。

たとえば、何日間も雨がしとしと降り続いて、みんなが「こんなに毎日降られちゃ、いやになるね」と辟易しても、「いやー、けっこう、けっこう。この雨が一度に降ったら大洪水になって、畑も流れてしまう。こうやって小分けに降ってくれているのだから、けっこう、けっこう」と答えます。

「喜び探し」的視点で見てみると、私のなんでもない普通の生活のなかにもたくさん喜びが隠されていることに気づきました。

＊2人の子どもに恵まれ、すくすく元気に育っている
＊結核にかかったのに完治し、結婚もできて、再就職もできた
＊将来に目標があるから仕事も楽しい
＊仕事に前向きになれることはすばらしい
＊家内はちょっと口うるさいけれど、私のことをだれよりも心配してくれる
＊仕事のうえで頼りになる人がいて心強い
＊少しずつお客さまが増えてきた
＊毎日つつがなく暮らすことができている

探し始めたら、きりがないくらいに喜びが見つかりました。

当たり前だと思っていたことも、実はどんなにありがたく、うれしいことかとわかりました。そのうち、少しイヤなことやつらいことも「これ、どうやって喜ぼうか」

と思えるようになりました。

同じことでも見方によって変わりますし、ピンチもチャンスに変わることがあります。どんなことにも必ず喜びが隠されていると思えるので、探すことが楽しくなっていき、そうすると、さらにどんどん気づけるようになっていったのです。

そんなふうに見方、感じ方を変えていくと、一日中明るく楽しい気持ちでいられることにも気がつきました。

「なんでも喜ぶゲーム」で登校拒否にならずにすんだ

喜び、感謝することについては、こんなこともありました。

私が「喜び探し」に挑戦してだいぶたってからですが、ある方から『少女パレアナ』（エレナ・ポーター著／村岡花子訳　角川文庫）という本をいただきました。日本でもTVアニメ化されたり、「ポリアンナ」という映画にもなったので、ご存じの方もいらっしゃるでしょう。年齢性別問わずファンが多い作品です。

この本の主人公、パレアナちゃんは牧師であるお父さんと2人暮らしです。あることをきっかけに、父子で「なんでも喜ぶゲーム」というのを始めました。悲しいこと、つらいこと、いやなこと、困ったこと——どんなことのなかからでも何か喜びを見つけて感謝するのです。

しばらくして、お父さんは亡くなってしまいました。田舎の叔母さんのところに預けられ、何もない部屋をあてがわれたとき、パレアナちゃんは一瞬ひどく気落ちしたのですが、すぐに考え直しました。そして、「鏡がないから自分のソバカスも映らないし、窓の外には美しい絵のような素敵な景色が見える」と喜んだのです。

パレアナちゃんの叔母さんは非常に気難しく、不平不満を言う名人でしたが、そんななかたくなな心をも溶かしていき、やがてそのゲームが街全体に広がった……というようなストーリーです。

装丁やストーリーからすると中学生向けくらいの印象でしたが、大人が読んでも充分奥深くて面白い内容でした。

本をいただいたその頃、中学一年生だった娘が突然、「もう明日から学校に行きたくない」と言い出したことがありました。私はどんなふうに話をしてあげたらいいのか、また、話を聞いてあげたらいいのか、とっさにはわかりませんでしたので、『少女パレアナ』を「読んでみる?」と手渡しました。

次の日、娘はちゃんと学校へ行きました。でも帰ってきたら、また言うんですね。

「やっぱり学校に行きたくない」と。

私が、「昨日、本読んだ?」と聞くと、「読んだ」。

私は、「いろいろイヤなこともあるだろうけど、この本みたいに〝なんでも喜ぶゲーム〟をやってみない?」と言いました。

「うん、わかった」

そうしたら、もう二度と学校へ行きたくないとは言わなくなりました。ですから、結局、一日も登校拒否せずにすんだのです。

そして、それを機に表情も明るさを取り戻し、成績がグググググッと上がり、学年上位になりました。さらには、無理だと思われた第一志望の高校（道外）にもすんなり合格できたというおまけまでつきました。

これはどう考えても「なんでも喜ぶゲーム」のおかげです。たかがゲームですが、喜び、感謝することが人生を大きく変えたのです。

当たり前のことが当たり前でなくなったら……

私の長男は、トイレで小用が終わると便器に向かって手を合わせ、「今日もおしっこが出てくれてありがとう」と言うのが、20年来の習慣になっています。

きっかけは、ある合宿研修で腎臓が悪くてお小水の出ない人としばらく一緒に暮らしたことのようでした。その人は、１日おきに人工透析をしているため、夜は体が痒くてきちんと横に寝ていられず、４つにたたんだ布団に寄り掛かって休むのだそうです。でも、10分もたたないうちに身もだえするかのように体を起こして、「かいてくれ」とそばにいる人を起こしてガリガリかいてもらわなければならないのです。

そんなつらそうな姿を見てからは、当たり前のことが当たり前とは思えなくなった、と言っていました。

今、自分にとって当たり前のようにあるもの——健康、家族、仕事、家、友人、恋人、親兄弟、親戚、時間、自由、平和——もし、これらがなくなってしまったら、と想像すると、今手にしている幸せが実感できます。これは、「なんでも喜ぶゲーム」ならぬ「もしも……のゲーム」とでも言うべきでしょうか。

小さな会社を経営している50代の女性から面白い話を聞きました。その方は、ご主人と喧嘩したときに、自分のほうが悪いなどとは思えず、全部ご主人のせいに思いがちで、カッカしたときには、「もうあんな人、いなくてもいい！」とまで思うことがあるそうです。

そして怒ったまま、お風呂やお手洗いでひとりになったときにふと、「ん？　ちょっと待って。もしも本当にいなくなったら……」という不謹慎な想像をすると、ご主人への感謝が湧いてきて、自分の不遜なところがわかってくるのだとか。

——私の帰りが遅いときには、よく駅まで車で迎えに来てもらった。でも私は、それを当たり前に思っていて、ちゃんとお礼を言ったことがなかった。それどころか、その日の仕事のストレスをぶつけていた。

——私が風邪を引いて寝込んでしまったとき、会社の帰りにトンカツを買ってきてくれたことがあった。私は「具合が悪いときにこんなの喉通るわけないでしょう！」って怒ってしまったけど、あの人なりに元気出させようと考えてくれたのよね。

「こんなふうに考えると、あれほど腹の虫がおさまらなかったのに、ついつい涙ぼろぼろになって、素直に〝ごめんなさい〟が言える」とおっしゃっていました。

まだご健在でいらっしゃるご主人を瞬時に過去の人にしてしまう、ものすごい妄想力には驚かされますが、たしかに感謝の気持ちが湧いてくるでしょうから、これもひとつの方法ですね。

そういえば、最近ご主人を亡くされたばかりの女性が、こんな話をしていました。

「主人が元気だったころは、いるのが当たり前だと思っていて、感謝の言葉ひとつかけたことがありませんでした。それどころか、いつも文句ばっかり言っていたんです。

亡くしてみて初めて主人のありがたさに気づきました。でも遅すぎました。自分の愚かさが情けなくて悔しいです……」

だれもがみんな、ごく当たり前のことに対しては、空気や水のごとく思ってしまいがちです。だからこそ、時々、改めて感謝し（思うだけでなく、言葉にして伝えるともっといいですね）、今、自分が手にしている幸せにしっかり目を向けることが大切なのです。

本当の感謝とは恩を返すこと

「はじめは感謝できるのですが、だんだんと慣れてしまい、そのうちに当たり前だと思ってしまうんです」という話をよく耳にします。

なぜ感謝の気持ちが薄れていってしまうのでしょうか？

それは、「ありがとう」と言うだけで処理済みにして流しているから。

つまり、「ありがとう」と言ってそれで終わりにしてしまっているのです。

「恩を返す」という言葉がありますが、私は、感謝を感じることがあったとすれば、その恩を何かのかたちで返さなければ、本当の感謝として成立しないのではと思います。感謝を安易に受けとめて、感謝だ感謝だと口で言って終わらせているだけでは、「もらっている」だけです。

本当の感謝というのは、何かを「返す」という「行動」をして感謝の気持ちを表す、そこまでが大事なんだろうと思います。

セミナーで私の話を聞いてくれた人が、ご家庭で「感謝するということは、恩をお返しすること」と話をしたそうです。すると、小学校3年生のお嬢ちゃんが、ある日「お返しします、お返しします」と言いながらトイレ掃除をしていたそうです。

「何してるの？」

「お母さんが言ったでしょう？　感謝しているってことはお返しすることだって。だから、トイレを掃除してお返ししてるの」

そう、お返しはどんなことでもいいんです。

大事なことは、自分のできる範囲でいかに真心を尽くせるか、です。

感謝は幸せの出発点

外科のお医者さんで気功の研究家でもある方が、「感謝していると〝気〟がバンバン出る」とおっしゃっていました。

その身体的な効果としては、呼吸が深くなる、脳波が安定する、血流がよくなる、体が柔らかくなる、力が出る、痛みが軽減するとのこと。また、メンタル面でも、感謝しているときはβエンドルフィンという脳内モルヒネが出て、副交感神経が優勢になり、リラックスしたときと同じ状態になるそうです。

一方、不満に思ったり、ヒステリーを起こしたりすると、不安や恐怖と関係の深いノルアドレナリンという神経伝達物質が出るという説もあります。

心を感謝の気持ちで満たすことは、精神的にもいい状態になれるということですから、私が自分の心のクセ、習慣を変える第一歩として、喜び、感謝することを目指したことは、偶然とはいえ、なかなか意義深いことだったように思います。

喜び、感謝する気持ちが備わっていない人は幸せを感じにくいでしょう。

言い換えれば、喜びや感謝がある人は、人生で遭遇するたいていのことはクリアでき、幸せになれます。

人嫌いという心のクセもすんなり直ります。

人に喜んでもらうことが喜びになりやすくなるでしょう。

心からの反省もできるようになります。

人のせいにもしなくなるはずです。

自分だけの幸せを考えることもなくなるでしょう。

この3章では、私自身のさまざまな心のクセ、習慣と向き合った実際のエピソードに触れていますが、「感謝」はそれらすべてのベースだといえます。

②ポジティブへチェンジする積極的自己宣言

「不平不満ばかり言っていると、〝つながっていると幸せでいられる縁〟を切ってしまう」と聞いたことがあります。

〝つながっていると幸せでいられる縁〟というのは、たとえば、お金の縁、人との縁、夫婦の縁、仕事の縁、健康との縁といったものです。

「夫婦の縁くらいどうでもいいわ」と思う方もいらっしゃるかもしれませんが、ご夫婦の縁が切れるだけで済むかというと、実際には、それにつながる大切な方とのご縁が切れてしまったり、ストレスが溜まってしまい、健康との縁が切れてしまうことにつながってしまったりと、思わぬところに波及してしまう場合があるようです。

不平不満に代表されるようなネガティブなことが頭に浮かんだり、言葉に出てしまったときには、すぐさまキャンセルしてしまいましょう。

不平不満を思いもしないことが大切

あるとき、私がセミナーで不平不満について話をしていたら、前のほうの席に、見るからに不平不満がいっぱいという表情の方がいらっしゃいました。

私は話しかけてみました。

「不平不満、ありますか?」

「ええ、たくさんあります」

「不平不満を言うと〝つながっていると幸せでいられる縁〟を切ってしまうからもったいないですよ。だからこれからは、不平不満を言わないようにしましょうよ。約束しませんか?」

「わかりました」

翌月、またその方がいらっしゃいました。

ところが、前回よりももっと不平不満ではちきれそうな顔をなさっている。

「あれ、この間、不平不満を言わないって約束しませんでした?」

「ええ、しました。だから、不平不満、言っていませんよ」

私はこの時、大切なことを忘れてしまったことに気づき、その場で謝りました。

「ああ、ごめんなさい。私の言い方が間違っていました。不平不満を〝言わない〟んじゃなくて、〝思わない〟ことが大切なんです」

その方は不平不満に思うことがあっても、私との約束を守って口に出さなかったのです。でも、我慢したためによけいにたまってしまったんですね。それ以来お目にかかっていないのですが……今頃、どうなさっているでしょうか。

いずれにしても、大切なことは、不平不満を「思いもしない」ということです。


消極的なことが頭に浮かんだ瞬間に、「積極的自己宣言」をする

不平不満の多い人は、消極的態度の人です。

自分から行動しない、前向きに考えたり行動したりしない、学ぼうとしない、あきらめ、傲慢、暗い表情、人を妬んだり、恨んだり、悪口や陰口を言う……。こうしたことなども消極的態度です。

以前の私は物事をなんでもネガティブに受けとめてしまう、まさに消極的な態度のかたまりでした。

不平不満の名人から喜び名人に変わるぞ、と挑戦していたとき、うまくいくときといかないときがありました。過去の出来事に対しての喜びゲームは、けっこううまくいくのです。気持ちをコントロールする余裕があるからです。

でも、今、目の前の出来事に対しては、ついつい習慣で後ろ向き（消極的）に受けとめてしまいがちで、うまく喜べないこともあります。

そこで私は、そういう消極的な、ネガティブなことが頭に浮かんだら、すぐさま気持ちを積極的方向に切り替えることにしました。そのとき、切り替え用の何か呪文みたいなものがあったほうがやりやすいと思ったので、「いけない、パッチン」と言うことにしました。

「いけない」は心のなかで思ったり、小声でつぶやいたりします。そしてそのときに、「パッチン」と指を鳴らして、気持ちを積極的方向に修正し、ポジティブな言葉で前言撤回するのです。そばにだれかがいるときには、ズボンのポケットの中で「パッチン」をしていました。

◎「今日こそ契約成立と思っていたのにダメだった。難しいなあ」
（いけない、パッチン）

「今日もよく頑張った。明日は何かいい展開がありそうだ」

◎「出かけようと思ったら雨が降ってきた。いやな雨だ」

（いけない、パッチン）

「お、雨だ。おかげで作物が育つなあ」

といった具合です。

雨に文句を言ったところで雨がやむわけではありません。ならば、積極的に受け止めたほうが気持ちも明るくなります。

聞いた話によると、私たちの脳の中では1日5万〜6万回も感情が浮かぶそうです。仮にそのうち1割が消極的なこと、ネガティブな感情だとすると、5000回にも及んでしまいます。

考えたこと、イメージしたことはすべて潜在意識に刷り込まれます。いやだなあ、面白くないなあ、くやしい、なんていう思いが1日5000回も刷り込まれてしまったら、うまくいくこともいかなくなるでしょう。ぞっとしませんか？

でも瞬時に「いけない、パッチン」で言い換えれば、ネガティブをキャンセルできるのです。簡単で精神衛生上もとてもいいように思います。

常に積極的なほうを選ぶ習慣

私たちは絶えず、自分自身の意思で積極的態度か消極的態度か、どちらかを選び取っています。たとえば、感謝と不平不満を同時に持つことはできません。

一番いいのは、最初から積極的なほうを選ぶことですが、もしも消極的なほうを選んでしまったとしても、すぐに積極的なほうを選び直せばいいだけです。

私は最初のころ、「いけない、パッチン、あー、いけない、パッチン」と、とにかく四六時中、やっていました。当時は運にもさほど恵まれてはいませんでしたが、「いけない、パッチン」を習慣化したころから、ぐんぐん運がよくなっていきました。

そして、そのうち最初から積極的態度がとれるようになり、「いけない、パッチン」をしなくても大丈夫になったころには、ますます幸運体質になっていたのです。

マイナスからプラスにチェンジする、ネガティブからポジティブにチェンジするときの「呪文」をそれぞれ、オリジナルで考えると楽しくできるはずです。

そういえば、私の大好きなエッセイスト浅見帆帆子さんも代表作『あなたは絶対！運がいい』（廣済堂出版）のなかで「言霊（ことだま）」の力に触れ、「昔の人は、縁起の悪い言葉を言ってしまったときは〝つるかめ、つるかめ…〟という縁起のいい言葉で打ち消していたようです」と書いていらっしゃいました。

③ 人を好きになる

サラリーマン時代、会社という看板のもとで得られていた収入を、今度は自分ひとりだけの力で稼ぎ出さなくてはならなくなって、初めて自分の力のなさを痛感しました。

自分が無力なのだから、人様の力を借りたり、人様と力を合わせることが必要だと思いました。正確には、力というよりも「心」ですね。心が合わさって初めて力が合わさるんです。

人様と心を合わせられないと、私はずっと無力のままでいるしかないんだ、ということに気づきました。「この人はいや、あの人も嫌い」ってやっていたら、どうしようもなくなります。

ということは、私のような人嫌いは致命的です。当時、私は家族以外に好きな人は皆無といっていい状態でした。世の中、ほとんどが嫌いな人だったからです。人嫌いは、セールスの仕事をしている身としては切実な、切羽詰まった問題だったのです。

「今、目の前にいる人は世界で一番大事な人」と思い込むだけでいい

私は珍しく本屋に足を運び、人間関係の本を2冊買ってきました。

最初に読んだ1冊には、「私たちは、人に対して、この人はこういう欠点があるから嫌い、というふうに思いがちですが、欠点とその人は別にとらえなさい。もしその欠点がなかったとしたら、とても素敵な人なのかもしれない、と思い込みなさい」というようなことが書かれてありました。なるほどな、と思いました。

もう1冊のほうには、「今、あなたの目の前にいる人は世界で一番大事な人と思い込みなさい」と書いてありました。そうすれば、嫌いな人のことも好きになるというのです。これは「2週間続けてみてください」とありました。

私は、2週間で効果があるのなら「すぐにやってみよう、やるしかない」と思いました。

人に会うときには、会う前から「今から会う人は世界で一番大事な人」と思い込み、会っている最中は「今、自分の目の前にいる人は世界で一番大事な人」と思い込みま

した。初めての人であれ、知っている人であれ、会う人会う人みんなにやってみました。とにかく自分に信じ込ませることを徹底的にやってみたのです。

すると――不思議なことが起きました。

会う前からなんだか楽しい気分になるのです。また、それまで人に会うときは、無意識に腰が引けたり斜に構えたりしがちだったのですが、それが一切なくなりました。「この人は世界で一番大事な人」と自分自身に言い聞かせて人に対すると、しぜんと真正面から見ることができたのです。

もっと不思議なのは、そうやって相手を見る私のほおがふっと上がることです。しぜんに笑顔になったのです。

「えっ、なんで笑顔になってるの!?」

自分でもびっくりした次の瞬間、今度は相手のほおもふっと上がったんですね。

2週間やり続けて、「あれっ?」と思いました。

いつの間にか、嫌いだと思う人がいなくなったのです。

これを機に、人間関係がうそのように好転し始めたのは言うまでもありません。

「嫌いな人がいない」という幸せ

ずっと人嫌いだった私が、人を好きになれたこと。嫌いな人がだれもいなくなったこと。これは、私の人生を変える大きな出来事でした。

世の中のほとんどの人のことが嫌いだった時代、今思えば、私は精神的に何かに縛られていたような、まるで牢屋に入れられて自由が利かない状態でした。

嫌いな人がいなくなったら、そこから解き放たれて心が晴れ晴れとしました。そればかりか、私自身の可能性もどんどん広がり始めたのです。

相手を好きになるから、相手からも好かれるのです。相手に対する感情や言動がそのまま自分に返ってきます（3章「8　人に与えたものが自分にはね返ってくる」参照）。

ということは、以前の私は、あまり周りから好かれていなかったことになりますね。相手をいやだと思っていると、いくら隠しているつもりでも、やはり言動や表情ににじみ出てしまうのですから、当然の結果です。

話が少々脱線しますが、現在、副社長として私を支えてくれている人物は、以前なら私の嫌いなタイプでした。なぜかというと、彼は私の言うことをきかないからです。いえ、きかない、というのは語弊がありますね。正しくは、私の意見に反対なときは頑として反対するのです。彼が反対したら、社長の私がどう言おうが何も通りません。でも、経営者である私にとってこれほどありがたい存在はありません。彼の存在なしに今の会社はなかったと思います。

実は彼には、その昔、営業部長になってもらったときに「どうかイエスマンにだけはならないでほしい」とお願いしました。彼は、その時の約束をずっと忠実に守ってくれているわけです。

なぜ、そんなお願いをしたかというと、彼が私の言うことに何の異議も唱えなかったら、会社は私の能力の範囲内で収まるしかありません。違う意見がもらえないということは、人の力が借りられなくなるということですから、会社の発展という意味からすると、すぐに限界がきてしまいます（第一、私の言うことをなんでも聞く人は大して有能ではないと思っています）。だから、ワンマンとイエスマンの関係は哀しいのです。

私の言動や判断がよくない場合、身内なら歯に衣着せずに言ってくれますが、他人様はそうはいきません。「いいですね」で終わりでしょう。そして恥をかくのは私です。だからこそ、意見をきちんと言ってくれる人はありがたいのです。それを嫌ったりするのは、大きな損失につながります。耳に痛いことを言われたときなども、目の前の相手を「世界中で一番大事な人」と思うことはとてもいい方法だと思います。


再び脱線してしまいますが、副社長関連ではこんなこともありました。

彼に営業部長の打診をしたとき、最初、断られてしまいました。理由は、「私はまったく営業経験がないので」というものでした。だれか他の人に上に立ってもらい、その下でなら……、と言う彼に対し、「営業経験はなくてけっこう。お客さまの気持ちに立てればそれで充分」と説得し、引き受けてもらいました。

以前の〝自分の言うことを聞かない人は嫌い〟という私だったら、「なんだ、せっかく抜擢したのに」と話は終わってしまっていたでしょう。

嫌いな人がいなくなると、さまざまな可能性が広がって、人生、いい方向に向かっていきます。

書店であの本を見つけたこと、そして、それを実践してみたこと。これは私にとって、ものすごくラッキーでした。

もし、あのときにこれをやっていなければ、今の私はありません。きっと仕事も立ち行かず、離婚にも至っていたでしょうし、孤独で寂しい人生になっていたはずです。

ポイントは、目の前の人を「大事な人」と思うことです。

これが、初めから「大好きな人」と思うとしたら無理があったと思うのです。好きとか嫌いとかはちょっと置いておいて、「大事な人」だと思い込むと、なぜか結果的に「大好きな人」になってしまうんですね。

そして、相手を選んじゃダメです。例外をつくらず、だれをも「世界中で一番大事な人」と思うことが大切なんです。慣れないうちはうまくいかないかもしれませんが、そういうときには、例の「いけない、パッチン」で切り替えていきます。

求めない

繰り返しますが、以前の私はいろいろな面で本当にダメ人間でした。

脱サラを機に、これではやっていけないと気づいたものの、心のどこかではそれでもなんとか生きていけるだろう、世の中渡っていけるだろう、と高をくくっていました。

が、「このままじゃ生きていけない」ということに直面してしまいました。

37歳のとき、家内から突然、離婚届を突きつけられたのです。

それがきっかけでわかったことは、お互いに見返りを強く求めあっていたために、関係がぎくしゃくしていたということでした。

「相手に見返りを求めると、求め返されて不幸せな関係になる。もうお互いに求めるのはやめよう」——このときの約束が、私たち夫婦を幸せに導いてくれ、引いては仕事のうえでも重要な指針になっていったのです。

突然の三行半

その当時、家内は子ども2人を育てながら外で働いていましたから、相当忙しかったと思います。でも私は、子どもの面倒をみることもなく家のことにも手を貸しませんでした。今でこそ皿洗いなんか平気でやりますし、ときにはきんぴらごぼうをつくったりもしますが、あのころはこれっぽっちも手伝わなかったのです。

家内の話を聞いてあげることも全くなく、笑顔ひとつ見せなかったと思います。自分のことしか頭にありませんでした。

私たちの世代は家庭を顧みなかった世代とはいえ、私は平均よりもさらに悪かったと思います。きっと家内はそんな私に愛想が尽きたのでしょう。

離婚届を突きつけられたその日、私はホテルに宿泊し、一晩中、「なぜ離婚しなきゃいけないんだ?」と考えました。自分が悪いことはわかっていました。だけどそれ以上に「あいつだって悪いじゃないか」という思いが強く、自分の非を認めたくなくて、悶々としていました。

朝になってようやく100%自分が悪かったと認めることができて、家内に謝り、離婚届を引っ込めてもらいました。

そこで、めでたし、めでたし、となるはずでした。

――が、そうは問屋が卸さなかったのです。全然うまくいきませんでした。

離婚こそ免れましたが、来る日も来る日も、お互いに責め合って傷つけあうような、ギスギスした日々が続き、家庭のなかがどんより暗くなりました。

2、3カ月たった頃には子どもたちも情緒不安定気味になり始め、さすがに、このままじゃいけない、と2人で話し合いました。

相手に求めると不幸せな関係になる

大恋愛で結婚したはずなのに、なんでこんなことになっちゃったんだろう……。お互いに何が不満なのだろう……。

本心を洗いざらい徹底的に話し合った結果わかったことは、お互い、口には出さないまでも、心のなかでは強く「見返りを求めている」ということでした。

たとえばこんなふうにです。

私　「体調が悪いのに、家族のために、いやなことも我慢して一生懸命に働いているんだ。だからおまえたちが食べていけるんじゃないか。もっと感謝があったって当然だろう」

家内　「何を言っているの。私だって外で働いて、子どもの面倒をみて、家事も全部ひとりでやっているのよ。あなたこそ私がどんなに大変か、ちっともわかってくれようとしないじゃない。感謝してもらいたいのは私のほうよ」

お互いに、自分がこれだけやってあげているんだから、相手だってもっとこうしてくれたっていいじゃないか、というような、ことごとく「見返りを求める」気持ちがあったのです。

相手がしてくれることは当たり前だと思い、自分のやっていることにもっと感謝してほしいと思う。

相手が自分の都合のいいようにやってくれることを求め、それがかなわないと相手に不満をぶつける。

自分がやっていることだけを強調して、やってくれない相手を非難する……。

お互い求めてばかりだったから、どちらも報われることがなく、面白くない気持ちが延々と続いていたのです。これでは不毛な闘いです。すれ違いの本当の原因はここにあったのです。

このことに気づいた私たちは、「見返りを求めると、求め返されて不幸せな関係になる。もうお互いに求めるのはやめよう」と決めました。

「やってあげている」から「やらせていただいてありがとう」へ

そう考えたときに、私たちが思い出したのは、以前2人で参加したセミナーで聞いた「アガペ（アガペー）の愛」という言葉でした（単に「アガペ（アガペー）」ともいいます）。

「アガペの愛」とは、キリスト教における神学概念です。

人間に対する神の「無限の愛」を指すそうです。

なぜ無限の愛かというと、神は人間を愛し、善なる者にも、悪なる者にも分け隔てなく、太陽の光の恵みを与えてくださるからです。

しかし、そうすることで何かの利益を得るわけではありません。神は太陽の光の恵みを与え、命を与えて、ただ幸せになってほしいと願っているだけなのです。

そういったことから、一般には、「アガペの愛」＝「無償の愛」――「愛とは、一切の見返りを期待しないこと」として有名です。

私たち夫婦は別にキリスト教信者ではありませんが、今自分たちに一番必要なものはこれだと思いました。

そして畏れ多くも、「アガペの愛」をわが家流にアレンジしてみました。

「愛とは、一切の見返りを期待せず、与えさせていただくだけのこと」

これを私たち夫婦のテーマとしたのです。

具体的には、「やってあげている」は禁句、「やらせていただいてありがとう」と思うようにしました。

「家族のために我慢して働いてやっている」
↓
「家族のために頑張らせていただいている。ありがたい。仕事も楽しい。幸せになる努力をさせていただいてありがとう」

「飲んで夜遅く帰ってくる夫に、眠いのを我慢して夜食を出してあげている」
↓
「遅く帰ってくる夫のために、健康を考えた食事をつくらせていただいている。働いていただいているおかげで家族も幸せに暮らしている。ありがとう」

2人とも、ふざけながらいちいち言葉に出して言っていました。
言うと、ゲームみたいで楽しくなってきます。見返りを求めることがなんだかバカバカしく思えてくるのです。

さて、その後、どうなったかといいますと——夫婦関係がガラリと変わりました。

本当に、ガラリと。

お互いに、相手に対して何も期待せず、何も求めずに接しますので、「自分がこんなに頑張ってやってあげているのに、なぜわかってくれないのだろう」的発想がなくなりました。求めあってばかりいたときの不満いっぱいの重苦しい雰囲気や、もやもやした圧迫感もなくなりました。

そして、必ず「ありがとう」というプラスの言葉を口に出して言うのですから、表情だってまるで別人のように変わります。

2人の間はなんとも軽やかなムードになり、2人でいることがこんなに楽しいものだったんだと再認識してしまうくらいに変わりました。

特に、家内はとても幸せそうな表情になりました。私も気持ちが結婚当初に戻ったかのようでした。思えば、結婚した頃はお互いに相手のために何かやってあげるのが純粋にうれしくて、見返りなど一切求めていなかったのですよね。

今改めて考えてみると、見返りを求めない愛というのは、自分が能動的でないと与えることができない愛です。そして能動的な愛は、自らの意思で愛を表現するだけなので、ストレスとは無縁です。

一方、見返りを求める愛というのは、受け身の愛といえます。見返りが与えられることを期待している愛なので、見返りがないとストレスになるのです。

自分ができることを相手に与えてみる

それに、よくよく考えてみると、相手に「～してほしい」などと求めても、それをするかしないかを決めるのは相手であって、自分ができることではありません。

自分のできないことを相手に求めてしまうのですから、はなから無理があるのです。

じゃあ、自分ができることは何？　といったら、「求めずに、ただやらせていただくこと」。これしかないんですね。

相手に求めるから苦しくなるのです。悩みも出てくるのです。

「こんなにやってあげている」という考え方はそもそも、見返りを期待している考え方です。でも、相手がその期待に応じてくれることなど滅多にないのです。

だから、いらつくだけです。不満が充満してきます。

「やらせていただいている」と思えばいいのです。

求めるのをやめて、自分ができることを一生懸命させていただく。相手にただ与えてみるのです。自分の利益は忘れ、相手にとっていいことだけを考えるのです。

人に対してはたしてどこまでそう思えるか、実践できるか。

言葉でいうほど簡単なことではないかもしれませんが、これを続けると、なぜか自分に都合のいいことだけがどんどん起きてきます。

私自身の幸せを考えるとき、この「見返りを求めない」こと抜きには考えられないほど、重要なターニングポイントでした。

⑤ 見返りを求めずに、人に喜んでもらうことを自分の喜びとする

「相手に見返りを求めない」——これを意識、実践したことで、私たち夫婦の関係は非常に平和で幸せなものになりました。

これに加え、人に喜んでもらうことを自分の喜びと思えるようになると、仕事でもプライベートでもぐんと運がよくなります。

相手の見返りを求めないということは、自己顕示のためではなく、また、「ありがとう」の言葉を期待することなく、自分がそうしたいからしぜんとからだが動いてしまった……という行為です。

仕事の場合なら、たとえばこういうことです。

お客さまの問題解決のお手伝いをさせていただいて、喜んでいただくことを自分の喜びとする。

お客さまが商品を買う、買わないにかかわらず、心を込めて接し、喜んでいただくことを自分の喜びと思えるようになる。

きれいごとに思えてしまうかもしれませんし、実際、心からそう思えるようになるまでとても時間がかかりますが、常に意識していると状況は必ず違ってきます。

人様の喜びが自分の喜び

現在の仕事に取り組もうと思ったとき、私はそれまでの経験から、「販売とは相手の問題解決である」ということと、「買っていただくこと以上に、お客さまに喜んでいただくことが大切である」ということの2点を追求すべきだと考えていました。

この2点を考えた結果、「相手に見返りを求めない」をさらにレベルアップさせた考えに行き着いたのです。それは、

「見返りを求めずに、人に喜んでもらうことを自分の喜びとする」

ということです。

販売の場合の見返りとは、商品を買っていただくことです。

「見返りを求めずに、人に喜んでもらうことを自分の喜びとする」というのは、次のようなことを指します。

＊「こんなに丁寧に応対したのだから買ってほしい」とか、「こんなにいろいろ親切にしたのだから買ってくれるのは当然」といった考えを持たないこと。
＊常にお客さまの立場、気持ちに立って、お客さまの問題解決のお手伝いをさせていただいて、喜んでいただくこと。
＊「買う」「買わない」にかかわらず、誠心誠意お客さまに接し、喜んでいただくことを自分の喜びと思えるようになること。

これらが心から実践できたら、結果はおのずとついてくると思います。

「気づかれずにそっと」が大切

先日、タレントの島田洋七さんがテレビ番組でこんなことを話していました。

「自分は、ばあちゃんから〝人に親切にするときにはわからないようにやりなさい〟と教えられた」と。

ばあちゃんとは、洋七さんの実体験をもとにした『佐賀のがばいばあちゃん』（徳間書店）という作品のモデルで洋七さんの母方の祖母です。お父さんが戦争で亡くなり、お母さんが働いているため、洋七少年は小学生のときから中学卒業までおばあちゃんの家に預けられたのです。その方が、貧しくても人生を明るく、前向きに乗り切っていく考え方をたくさん持っていらしたようで、その名言がテレビでもかなり取り上げられています。本は大ベストセラーになり、映画化もされました。

テレビで洋七さんが話していたのは、小学校の運動会のことでした。

友達が応援に来てくれたお父さんやお母さんと一緒にごちそうのお弁当を広げるなか、洋七少年はいつもと同じ、しょうがと梅干しのお弁当を持って一人、グラウンドを離れ、教室で食べようとします。

そこに担任の先生が入ってきて、「急にお腹が痛くなった。おまえの弁当はしょうがと梅干しが入っていてお腹にいいから、先生の弁当と交換してくれ」と言うのだそうです。先生のお弁当を開けるとエビの天ぷらなどおいしいものがずらり！　洋七少年は夢中で食べました。その「お腹が痛くなったから弁当交換してくれ」は6年生まで、担任が変わっても続きました。

運動会になるとなぜいつも先生はお腹が痛くなるのか——洋七さんはその謎に何も

気づかずに、小学校卒業時、おばあちゃんに「不思議な話」として初めて話しました。おばあちゃんは涙を流して喜び、洋七さんに「親切は人にわからないようにやりなさい。それが本当の親切」と教えてくれたのです。

欲しいのは「ありがとう」の言葉？

一般的な見返りというのは、「ありがとうございます」「おかげさまで助かりました」等、お礼を言ってもらうことです。あるいは、それが広くほかの人の耳に入ることまで期待している場合もあるかもしれません。

人から「ありがとう」と言われることを期待して人になにかしてあげる人は、その見返りがないとうれしくないし、もうやってあげたいと思わなくなるかもしれません。でも、ただ相手が喜んでくれるのがうれしい人というのは、「ありがとう」が欲しくてやってあげているわけではなく、自分がそうしてあげたいと思ったからやった、しぜんにからだが動いてしまったということなのだと思います。

私どもの会社で販売に携わる人たちのなかにも、そうした人がたくさんいます。

たとえば老人介護施設に出向き、おばあちゃんたちのお肌のお手入れをしてさしあげている人たちです。

クレンジング、洗顔、マッサージ、まゆを整えて、うすくファンデーションを塗り、口紅を差して、おぐしも整えてさしあげる。ときには昔の話の聞き手にもなります。なかには、マシンを気に入って「買いたい」とおっしゃる方もいるそうですが、「買わなくていいですよ。また来ますからお手入れさせてね」。ただただ、おばあちゃんたちがきれいになり、見違えるように元気になる手助けをするのがうれしいのです。

ほかにも、だれか困っている人がいるとあらゆる人脈と情報を駆使してお役にたとうと奔走する人や、福祉団体に高額寄付を続けている人もいます。

手前みそのようで恐縮ですが、家内もそうした一人かもしれません。日々忙しく動き回っているのは、人様のためにいろいろお節介をやいているからのようです。人様の喜ぶ顔を見るのが、家内の喜びなのです。

「それは奥様が今とても幸せで、経済的にも精神的にも余裕があるからできるんですよ。自分が幸せじゃないときは人のことなんて思いもしませんから」と言われることがありますが、家内は今ほど余裕がないときからずっとそうでした。

本人はお節介をやいているつもりはないようで、ただ、人のことが大好き、人のことがかわいい、放っておけない、と思っているようです。

いいことは土でかぶせましょう

こんな質問をいただいたことがあります。

「たとえだれにも気づかれずにいいことをした場合でも、心の底では〝いつか自分がしてあげたということをわかってほしい〟という気持ちをなくすのはとても難しい。本音では〝せめてだれか一人にはわかってもらいたい〟と思ってしまうのです。これはダメなことですか？」

つまり、自分がやったとは口に出さないとしても、自分がやったことだと周りにわかってほしいということですね。きっとほとんどの人がそうだと思います。

私などは、昔はもっとひどくて、いいことをしたときは「俺がやったよ」って吹聴していましたし、ほかの人のやったことまで自分がやったみたいに言っていたくらいです。

なぜかといえば、やはり、ほめられたい、認められたいという気持ちからくるものです。結局これもまた「見返り」を求めているのですね。

見返りを求めないで人様に喜んでもらおうと心がけるようにしても、なかなか難しく感じることもあります。

私は、そういうときには「いいことは土でかぶせましょう。恥はさらしましょう」という言葉を思い出すようにしています。

普通私たちは、いいことをしたときには大々的にアピールし、恥になるようなことをしてしまったときは必死に隠そうとします。でも本当は逆なのだそうです。

「手柄をひけらかしたり、強調したりすると、枯れてしまう。恥になることを隠そうとして土をかぶせると、そこからさらに悪い芽が出てきてしまう」

そういう教えです。手柄はアピールすることなく、そっと隠すほうが、いつかもっと大きなよいこととなって自分に返ってくるようです。

ほかにも「汗は自分で流しましょう。手柄は人にあげましょう」という言葉で自分を戒めることもあります。「だれが見ていなくても天が見ている」と自分に言い聞かせることもあります。そういえば、だれにも気づかれずによいことを行なうと、「天上貯金」されると聞いたこともあります。

ちなみに、「見返りを求めずに、人に喜んでもらうことを自分の喜びとする」を習慣にしたところ、私は運がとてもよくなりました。

大切なのは気持ちが本物であること、やろうと意識すること

「見返りを求めずに、人に喜んでもらうことを自分の喜びとする」——これは私たち人間にとってかなり高度な課題です。もしかすると、生涯無理かもしれません。正直言いまして、私もまだ練習生のような段階です。

でも、難しいからはなからあきらめてしまうというのでは、せっかくの幸せへの道を閉ざすことになります。ちょっとでも幸せになる可能性があるのなら、やってみる

べきです。

大切なのは、できているか、できていないかではなくて、人にしてあげたいという気持ちが本物、純粋であること、それを心がけるよう意識して、それが習慣になることだと思います。

最初はなかなか身につかなくても、意識しているだけで「あっ、今、また見返りを求めちゃった」という具合に気づきますから、それだけでも進歩なのです。

「求める」虫が騒ぎだしたときには、例の「いけない、パッチン」で切り替えていきましょう。

⑥ すべての源は自分

「You are Source」（あなたが源です）

こう書かれたカードをいただいたことがあります。

そこには、「すべての源は自分だと考えるようになれば、あなたにはあらゆることが可能です」と書かれてありました。

すべての源は自分なのだから、自分の人生に対しては、自分で責任を持つという意味です。

ほんのちょっとでも「あの人が悪いから」などと人のせいにするのをやめる。

言い訳しない。

自分を正当化しない。

こういう姿勢が大切だということです。

「すべての源は自分」という考えを習慣化すると、強い意思が出てきて迷いがなくなります。人生が変わります。これはすごい財産です。

人のせいにしない

私が「すべての源は自分」ということを身にしみて感じたのは、44歳のときです。

当時私は学習塾を経営して7年目に入っていました。

まったく門外漢の私が学習塾経営に携わることになったのは、脱サラから1年ちょっと過ぎたころ、塾の教材を制作販売している知人が勧めてくれたからです。

私はその人に運営や経営に必要なノウハウをすべて教わり、小学校高学年から中学生を対象とした小規模な塾を手がけました。私は直接教えたことはなく、経営のほうだけをやっていました。

1年目は3カ所、7年目には34カ所、生徒が4000名、先生は120名になりました。順調すぎるほどうまくいき、年収も数千万円も得られるようになりました。

労働組合ができたのは5年目ごろだったでしょうか。ほとんど毎日のように「賃金を上げろ」「休みを増やせ」と団体交渉があって、しまいには、私が責任者として現場を任せていたMという男をクビにしろ、という要求を突きつけてきました。

それに対して私は、「それは経営権に関する問題だから、経営者が決める問題だ。話し合いは無用」と突っぱねていたところ、組合はMの机や椅子を廊下に放り投げるという暴挙に出ました。

Mは当時40歳、北大出のかなり優秀な男でテキパキと現場の陣頭指揮をとり、ここまでの学習塾に育てあげた功労者です。しかし、それがきっかけでノイローゼになってしまいました。精神不安定な状態が続き、会社に来ても朝から晩までずっと泣いてばかり、そのうち出社もできなくなりました。労組との闘いが2年近くに及ぼうとしていたときのことです。

Mが心身ともに崩れていくさまを目の当たりにし、その原因をつくった労組が許せなくなりました。私はついに爆発しました。

「そこまでやるならもう全面対決だ！　潰すか潰されるか、とことんやるしかない」

弁護士さんとも相談し、翌日から全面対決することを決意しました。

経営者が未熟だと人を不幸にしてしまう

その日、家に帰って家内にその報告をしていたときのことです。

当時、一時的にわが家に居候していた実姉に来客があり、リビングで話をしている私たちのところに、応接間での会話が小さく聞こえてきていました。

姉はその人に何か手助けをしたようでした。

「〇〇さん（姉の名前）のおかげで助かりました。ありがとうございました」

「いいえ、私のおかげじゃないですよ。きっと神様が守ってくれたんです」

そんななにげないやりとりが、ふっと私の耳に入ってきた瞬間でした。

メロン大ほどの光の玉が、ものすごい光を放ちながら頭のてっぺんからドーンと入ってきて、「なんだこれは⁉」と驚いているうちに、体を抜けて足の先からポッと出ていったのです。一瞬の出来事でした。よく「雷に打たれたように」などと表現しますが、私の場合は雷じゃなくて光の玉でした。

姉とお客さまの会話の何に対して、そんなものすごい反応が勝手に起きたのか、いまだにわけがわからないのですが、本当に体の中を光の玉が突き抜けていったのです。

そして「なんだこれは⁉」と思った瞬間に、これもなぜなのか、いまだにわからないのですが、あることが頭に浮かんだのです。
それまで私は、Mがノイローゼになったのは労組のせいだとばかり思っていました。
でも、じゃあ、なぜ労組が騒いだのだろう？
にわかにそんな疑問が湧き、同時に答えがひらめきました。

理由は、経営者が未熟だったから。
――まるで天啓のように、突如そのことが強烈に思い浮かんだのです。

えっ、未熟な経営者って俺のこと？
だから労組が騒いでMの机や椅子を放り出して、それで彼がノイローゼになった。
……ということは、俺に責任があるんだ。
もともとは全部自分のせいだったんだ――。

悪いのは全部、労組だと思い込んでいたのに、ところがどっこい、自分が未熟な経営者だったことがすべての発端だったということに気づかされたのです。

すぐに弁護士さんに連絡しました。

「全面対決、やめました」

「どうしてですか？」

「全面対決して、経営者である私が潰れても、労組が潰れても、塾は成り立っていかないでしょう。一番大切なことは、お金を払って大事な子どもたちを塾に通わせている親御さんたちと、一生懸命に勉強している子どもたちに迷惑をかけてはならないということです。そのためには、塾を継続していくことが最優先です。ですから、対決はしないことにします」


さらに、このとき私は、経営から全面的に身を引く決断をしていました。

経営者が未熟だと人を不幸にしてしまうということを、労組との闘いを通していやというほど思い知らされたからです。

同時に、人のせいにしてはいけない、自分を正当化してはいけない、すべての源は自分なんだということを痛感しました。１９８２年（昭和57年）３月18日のことです。

当時、私は100%株主でしたが、次の経営を担う方に無償ですべての権利を差し出し、「私はもう要りません。しっかり経営してください」とお願いして身を引きました。

「すべての源は自分」と受け入れたことが、意外な出会いをもたらした

「もう二度と経営者にはなるまい。まただれかに雇われて生活していけばいい。なんとか食べていけるさ」

経営から身を引く覚悟を決めたとき、私はこう腹をくくりました。

しかし、その半月後の4月6日。ある人からホームエステマシンを紹介されたことがきっかけで、状況が急展開したのです。

最初、私自身は男ということもあって商品に全く興味がなかったのですが、周囲から「事業として取り組みたい」という声があがり、私が学習塾時代にすでに立ち上げていた別会社（現在の会社）で取り扱ってくれないか、という要望が出たのです。

実は、この別会社も第三者に譲渡するつもりでしたので、かなり逡巡しました。

「自分は経営者の器ではない。もうだれをも不幸にしてはいけない」

「いや、これほどの経験をしたのだから、今度こそこれを糧にしてたくさんの人を幸せにすべきなのではないか」

結論として、自分の理想とする生き方、幸せになる考え方、行動のあり方を経営に反映させられるのなら、もう一度挑戦してみようと考え、踏み切りました。そうしてできあがったのが、現在の会社です。


学習塾時代、私にとって仕事は単に収入を得る手段ということ以外何もありませんでした。

そして、信頼が大事だということが全くわかっていませんでした。当時、寄せ集めでつくった企業理念にも、「信頼が大事」とは掲げているんです。でもしょせんは借り物の理念、何の役にもたちませんでした。

どういう教育方針で運営していくのか、何を目指すのか、といった理念や価値観がなかったのですから、先生方と共有できるはずもありません。単に生徒たちの成績を伸ばせばいいだろう、業績が伸びさえすればそれでいいと考えていたのです。

そもそも、先生たちとの信頼関係がありませんでした。

私の根本的な誤りは、信頼というものを勘違いしていたことです。私は、お互いのニーズが合えば信頼関係が生まれると思っていました。

私にとっては「働いてくれる人が必要」、先生方にとっては「働く場が必要」というお互いのニーズがありました。それが一致し、うまくバランスがとれているときの状態を、信頼がある関係だと錯覚していたのです。言ってしまえば、仕事のための信頼関係であり、信頼関係を利用し合うのが仕事だと思っていました。

そういう見せかけの信頼というのは長く続きません。お互いのニーズが合わなくなってしまえば、たちまちほころびが生じ、関係は崩れます。申し訳ないことに、そのあおりを受けてノイローゼになってしまった人まで出てしまう結果となりました。

ですから、今度の仕事はいかなるときも揺るぎない信頼で結ばれる人間関係が大事なのであり、信頼そのものをつくる仕事でなければ、やる意味がないと思ったのです。

「信頼をつくりあげるための仕事なんて甘い考えだよ」

「そんなことで仕事になるわけがない」
周りからそんな声もかなり聞こえてきましたが、私にとってそこは譲れません。それが追求できない仕事なら、する意味がないと思いました。

もし労組が騒がなかったら――、
もし学習塾をあのまま続けていたら――、
私がホームエステマシンを取り扱うなどということは絶対にありませんでした。
自分の仕事に対する姿勢や意味を問い直すことも、その後、本当の意味で幸せを感じることもなかったでしょう。
光の玉を感じたとき、「悪いのは自分だった」「すべてが自分の責任だ」と悟りました。そして100％反省したことで、自分が何をすべきかということが見えたのだと思います。

反省は希望の源

ホームエステマシンを扱い始め、業績はぐんぐん伸びていきました。

4年目、販売の拠点が札幌、東京、大阪、名古屋へと広がり、販売営業所が150になったころ、大事件が起きました。

ある日突然、本当に何の前触れもなく、某支店の全社員10人が出社せず、同時に30の販売営業所が一挙に仕事を離れてしまったのです。

調べたところ、どちらにもAという男が深く関わっていることが判明しました。

Aは当時、専務で食品等の他商品も扱いたいといって別会社もつくったりするなど、かなり意欲的でした。

しかし、そんななかでいつの間にか、会社が扱っているホームエステマシンとは別に他社と競合商品を開発していたらしいのです。

そして突如、支店のスタッフや販売営業所を束ねて出ていってしまったのでした。

ある日突然、社員と販売員が消えた……

これは、販売に携わる人たちやもともとのホームエステマシンのメーカーさんからすれば、会社が２つに割れてしまったかたちです。蜂の巣をつっついたかのような大騒ぎとなりました。

とりわけ、メーカーさんは非常に堅実な経営をなさっている会社でしたので、一気に私への不信感を募らせ、今後も商品を卸してもらうためには、私が退陣せざるをえない、そんな危機的状況でした。

私は急遽、札幌から東京に飛び、メーカーさんとの協議、販売員たちへの対応、社内対応等、事態収拾にあたることになりました。

当時、ホテルに滞在していたのですが、朝３時、４時から電話が入るため、ほとんど眠れず、胃も痛くなりました。当然、食事も喉を通らず、１週間で体重が10キロ近く落ち、背広のズボンがぶかぶかになりました。

街を歩いていて、ふとウインドーに目をやると、背を丸めてほおがこけた姿が映っています。そんな自分を見ながら、「ここは死んだ気になって頑張るしかない」と言い聞かせ、歯を食いしばりました。

あるとき、「ちょっと待てよ。死んだ気ってどういうことだ?」と思いました。

死ぬということは自分がなくなることです。

そうか、自分を無にして頑張ればいいんだ、と思いました。

でも相変わらず、眠れない、胃が痛い……。

これから私はどうなるんだろう……。

数日後、あっと気づきました。

私は、死んだ気になって、自分を無にして頑張ると自分に言い聞かせていたはずだ。

自分を無にするということは、自分の都合を一切考えないことなのではないか?

でも、眠れないだの、胃が痛いだの、いったい自分はどうなるのか?……だの、自分のことばかり気にしていたのです。結局は全部自分の都合にすぎません。

こんなときまで自己中心的な考え方をしてしまう自分が、ほとほと情けなくなりました。

心から反省したら目の前がパーッと開けた

私は決意しました。
もう自分のことを考えるのはよそう。
今回の事件で影響を受けた販売員たちやメーカーさん、社員のことだけを考えよう。
自分の都合中心に考えるのではなくて、それぞれがうまく収まるにはどうすべきか、
四方八方が立っていけるにはどうすべきかだけを考えよう。

それまでの自分を反省したら、すがすがしい気持ちになりました。
自己中心的な考え方から解放された瞬間です。
そして、気がつくと、あれだけ激しかった胃痛も治まっていたのです。

本当の反省、心底からの反省は、実に爽やかなものです。
目の前の霧が晴れて、視界が開ける感じといいましょうか。
中途半端な反省が、目の前が見えているようでいて見えていない状況だとするなら

ば、100%の反省は周囲がくっきり見えるようになります。

言い換えると、「希望」が見えてくる感じです。

私に対し、さまざまなアドバイスや協力を惜しまなかった人たちのおかげもあり、それまではあれこれ悩んで決断できなかったことが、どうすべきか、パーッと見えました。あれはこう、これはこう、と決めることができました。

今思い起こしても、なぜあんなふうにひとつも間違いなく判断ができたのか、信じられません。私はなにか不思議な力を感じました。

そして、勝手に事態が好転し始めました。

当時は、この騒ぎを収め、業績を回復するまでには3年はかかるだろう、と言われました。しかし実際には3カ月ほどでメドがたち、1年で業績回復することができました。

一時はトップ交代まで要請していたメーカーさんも、私の判断には異議を唱えませんでした。それどころか、この件をきっかけに以前よりも強固な信頼関係が築けるようになったのです。

会社存続の希望、そして周囲とのより強固な信頼関係につながったのは、あの日の反省があったからだと思わずにいられません。

その頃、どなたかのエッセイだったと記憶していますが、新聞に「人生は我が師なり」というタイトルを見つけました。というよりも、目にどーんと飛び込んできたといっていいかもしれません。

「人生はいいこと、悪いことといろいろ起きますが、起きたことを師として学ぶしかない」というようなことが書かれていました。

それを読んで、気持ちが救われました。

Aの事件も、そこから学ぶしかないのだと思いました。

学ぶためには、心から反省することが必要です。

反省して学ぶからこそ、希望が生まれるのです。

余談ですが、騒動後まもなく、ある人から「Aはすべての災いを持って出て行ってくれたのだから感謝しなさい」と言われました。災いと言われてもピンときませんでしたし、今回ばかりは感謝などできるはずもありません。いくら、どんなにイヤなことのなかからも喜びを探し出し、感謝するゲームを得意としている私でも不可能だと思いました。

また、「すべての源は自分」を身上にしている私は、Aのせいにしたり、Aを責めることはしてはいけないとわかっていました。つとめてそう思わないようにするのが精一杯なのに、感謝までしなさいというのはあまりにも無理な注文だと思いました。

正直言って、当時の私の本心は「あんちくしょう」という思いだけだったのです。

でも、感謝することにチャレンジしてみようと思いました。

「あんちくしょう」と感謝が何十回と交錯しました。

感謝すると不思議と気持ちが落ち着きました。

でもやっぱり「あんちくしょう」なんです。

約1週間続けて、感謝の気持ちに落ち着くことができました。

そして、Aに感謝できるようになったら、他のたくさんの方から、感謝しても感謝しきれないほどありがたいことが雪崩のように押し寄せてきたのです。

⑧ 人に与えたものが自分にはね返ってくる

だれもが幸せを願っているはずです。

でも、心から幸せを感じている方はどのくらいいるでしょうか？

幸せになりたくてみんな頑張っているのに、いくら頑張っても、幸せになれない（感じられない）としたら、なぜなのでしょう？

チャンスがないから？

才能がないから？

人との出会いに恵まれないから？

お金が十二分じゃないから？

いろいろな理由が挙がると思いますが、究極の理由は、「幸せになる方法」を知らないからだと思います。

幸せになれないのは、自分だけの幸せを考えるから

私も長いこと、幸せになれる方法がわかりませんでした。

こっちへ行けば幸せになれるかな、と向かった方向が間違っていたので、自分なりに努力しても努力しても、幸せを手にできなかった時期があります。

今、70年生きてきて、わかったことがあります。

それは、努力なしに幸せになれるんだということです。

極論を言ってしまうと、「人に与えたものが自分にはね返ってくる」という法則さえ実践すれば、人は自動的に幸せになってしまうからです。


愛を与えれば、愛が返ってくる。

笑顔を与えれば、笑顔が返ってくる。

悲しみを与えれば、悲しみが返ってくる。

怒りを与えれば、怒りが返ってくる。

憎しみを与えれば、憎しみが返ってくる。

じゃあ、自分が幸せになりたいときはどうすればいいでしょう？

普通はほとんどの人が、自分だけ幸せになればいいと考えますね。

だから、ほとんどの人が幸せになれないでいるのです。

自分が幸せになりたいときは、まず人に幸せを与えればいいんです。

そうすると、その幸せが自分にはね返ってきます。

人を粗末にしているのに幸せになりたいなんて願っても、なれるわけないんです。

「自分が幸せじゃないのに、人を幸せにできない」なんて言い訳しながら、自分が幸せになることばかり考えてしまうと、いつまでたっても幸せになれません。

自分だけ手に入れたいと思っても手に入りません。

分かち合って初めてはね返ってくるのです。


「人に与えたものが自分にはね返ってくる」という考え方は、「カルマの法則」とか「因果応報の法則」とも言われます。ただ、カルマとか因果というと前世とかが関係してくるようですから、今生きている私たちには不可抗力の面があり、なかなか納得しにくいものです。

でも、「人に与えたものが自分にはね返ってくる」と言われたら、すんなりと納得できそうです。

そして、この法則こそが、「感謝」とともに幸せになる最もシンプルな方法であり、近道だと思います。

幸せになりたければ、人に幸せを与える

欧米では、「なにごとも人々からしてほしいと望むことは、人々にもそのとおりにせよ」という言葉を「黄金律」として大事にしているそうです。

人に与えたものが自分にはね返ってくるのですから、自分がしてほしいことを積極的に人様にさせていただけばいいのです。

そして、自分がしてほしくないことは人にも絶対にしない。なぜならば、相手に毒矢を放つと、相手に当たるはずの毒矢が、自分に当たってしまうから。

人に与えたものが自分にはね返ってくるのですが、Ａさんに幸せを与えたからといって、Ａさんから幸せが返ってくるとは限りません。

むしろ、Ａさんに与えたことが、全然関係のないＢさんから何倍にもなってはね返ってきたりすることのほうが圧倒的に多いようです。

「人に与えたものが自分にはね返ってくる」という法則を知らない、あるいは信じていない人がまだ多いとすれば、別ルートで返ってくることが多いので、わかりづらいのかもしれません。

かくいう私も、最初のころはその人から返ってくるものとばかり思っていましたから、「あれ、なんで?」と肩すかしをくらったような気分になったものでした。

でも、実は、返ってくることを期待していてはダメなんですね。全然ダメ。

そうした打算――「与えたんだからこのくらいはね返ってきて当たり前でしょう」「はね返ってこなかったら損しちゃう」みたいな感覚はダメなんです。

もしも、「やったけど何も変わらない、結果が出ない」という場合は、見返りを求めているのかもしれません。

人に何を与えるかで人生が決まる

「人に与えたものがはね返ってくる」ということがわかっていると、幸せをつかむことは決して難しいことではなくなります。

人生は、人に何を与えるかで決まるといってもいいのかもしれません。

問題はその実践です。私たちは、自分よりも先に相手のことを考えることには慣れていません。だれだって自分が一番可愛いのです。

自分の利益ばっかり、自分の幸せばっかり考えている人がほとんどです。

だからほとんどの人が幸せになれないのです。

以前は私もそうでした。

でも人に幸せをたくさん与え始めたら、桁はずれな幸せがやってきました。

みなさんにも、「こんなに幸せでいいの!?」と身震いするくらいの幸せを感じていただきたいのです。

■すべての出会いに感謝

こうして脱サラ以降のことを振り返ってみると、人生というのはつくづく「人との出会い」に尽きると実感しました。

仕事の場合は、そこに「商品との出会い」もプラスされます。

運命的な出会い

人や商品との出会いということで、まず最初に感謝したいのは、ホームエステマシンのメーカーさんです。学習塾経営から手を引いた直後、たまたまマシンに出会い、私の会社で販売してみてはどうか、という周囲の声に押されるようにして、メーカーさんに連絡をとってみました。

そのメーカーさんは、美容機器製造のジャンルでは日本のパイオニアともいうべき存在でした。創業者であるT社長は、まだホームエステなどという言葉さえなかった時代に、プロのお手入れをだれもが気軽に行なえるようにと家庭用マシンを開発したのです。業務用マシンのほうはすでに高い評価を受け、美容室等に納品されていました。

商品性もさることながら、その誠実な仕事ぶりや社長のお人柄は、山野美容コンツェルンを築き上げた山野愛子さんから絶大な信頼を受け、家族ぐるみのおつきあいをされていたほどです。

そんなメーカーさんが、美容関連の実績もない、どこの馬の骨ともわからない私に、家庭用マシンの販売を委ねてくれることになりました。しかも、信じがたいことに、私どもの会社1社のみに卸してくれるというのです。私はやや興奮し、T社長に言いました。

「じゃあ、お互い〝運命共同体〟ということですね」

すると、思いがけない言葉が返ってきたのです。

「いや、それじゃ困るんです」

私は意味がわからず、戸惑った顔をしたと思います。

「運命共同体というのは、どちらかが悪くなったら一緒にダメになるということだから困るんです。我々の関係は〝発展共同体〟でいきましょう」

発展共同体――なんと夢のある、希望にあふれた言葉なんだろうと感激しました。

また、こんなこともおっしゃっていました。

「私はこのマシンを一家に一台、普及させるのが夢なんです」

それがメーカーさんの夢ならば、販売を一任してもらった我々販売会社としての役割もそこを目指さなければ、と強く思いました。

（あれから26年がたち、販売台数は83万台を突破しました。全世帯数のうち１・６％の世帯――およそ60世帯のうち1世帯の割合で愛用されています）

仕事のパートナーたちとの出会い

「７　反省は希望の源」（１６４ページ参照）の騒動は、こうした恵まれた出会いに支えられ、会社が順調に伸びていた矢先に起こりました。

当然のことながらメーカーさんからは、社長交代や当時の代理店との直接取引等を要請されたのですが、代理店はそうしたことをすべて「奥村抜きでは考えられない」と突っぱねてくれたのです。

とりわけ代理店の男性４人は、私が宿泊していたホテルに1週間以上も泊まり込んでくれて、事後処理や今後の方向性のためのアドバイスをしてくれました。彼らのあのときの協力態勢は、今も忘れることができません。

私が自己中心的考えを捨てて反省したあとに、「希望が見えてきた」「勝手に事態が好転し始めた」と書きましたが、それは、この4人が救いの神のごとく登場してくれたことも大きな要因でした。彼らが全身全霊で私を支えてくれる姿勢に、メーカーさんも「もう一度奥村に懸けてみよう」と決断してくれたのです。

メーカーさんとの出会い、そして彼らとの出会いがなければ、今の私も会社もありませんでした。

メーカーさんは現在、御子息が二代目社長を務められ、変わらぬおつきあいをさせていただいています。

代理店の男性4人（Kさん、Iさん、Sさん、Yさん）も相変わらず心強い存在ですが、この夏、Iさんの訃報が届きました。

あと2カ月でこの本が書店に並ぶ――という矢先の出来事でした。

4章

より幸せに生きるということ

「目標設定」と「自分磨き」の両輪がカギ

2章では、幸せのモトのひとつである「希望」を生み出す目標設定について、私自身が経験した潜在意識の活用（開発）方法をご紹介しました。

3章では、目標達成を目指す過程で気づかされた自分の過不足を修正するために、心のクセや習慣を変えていったエピソードについて触れました。

2章は仕事や経済といった面で幸せになる方法（最終的には精神面にも影響してきます）、あるいは、楽しく仕事の結果を出す方法です。

3章は精神面で幸せになる方法、もしくは、毎日よりいっそう幸せを感じながら生きる方法です。自分磨きともいえるかもしれません。

2章を実践していくと、なぜか不思議な力を味方にすることができます。

3章を実践していくと、なぜかどんどん運がよくなっていきます。

そして、実はこの2つは決して切り離せない、どちらも必要不可欠なことであり、どちらかだけに偏っても幸せとはいえません。

自分の目標をかなえることだけに気持ちを傾けるのではなく、さらに自分自身を磨くことで、心が満たされ、エネルギーが高まり、人に喜ばれ、サポートされるようになります。そうしてこの２つの力が合わさったとき、潜在能力がより強力に発揮されて、すんなりと目標がかなえられていきます。

鳥が左右の翼がないと飛べないように、自転車が両輪がないと進まないように、私たちの幸せも、どちらかだけではうまくいかないのです。

これは私の経験からいっても明白です。

目標設定と自分磨きの両輪が本当にバランスよく回りだしたのは、現在の仕事に取り組んでしばらくしてから――ここ20年くらいのことです。それは、ちょうど、私が身震いするくらいの幸せを実感できるようになった時期と符合します。

とらわれていることから自由になったとき、幸せを感じる

本書では、目標を設定したり、心のクセや習慣を変えることが大事だと繰り返し述

べてきました。

なぜならば、心のクセや習慣を変えることで、とらわれていたことから解放されるからです。

とらわれていることというのは、生きていくうえで知らず知らず身につけてしまうこと――たとえば、自分を縛っているもの、自分の殻、自分の過不足などです。とらわれは、大きなストレスになります。

とらわれる＝「囚われる」、まさに字のごとしです。

とらわれていることから気持ちが解放されると自由になります（当然、自由には責任が伴います）。すると、世界が広がる感じがします。

そういうときはとても心地よく、自分のことが好きだと思えます。

人はそんなとき、幸せを感じます。

たとえば、「自分には力がない」というとらわれは、自信が不足していることによる思い込みです。この場合は、目標を持ち、潜在能力を開発し続けていくことで、自分の素晴らしい能力に気づくことができます。

すると、自信のなさから解放され、自由になれます。

逆に、過剰な自信にとらわれている場合もあるかもしれません。

この場合は、「傲慢」という心のクセや習慣を変えていくことによって、気持ちが解放され、謙虚に、自由になれるでしょう。

先日、私どもの販売に携わっている人から相談を受けました。

「いろいろなお客さまに接するなかで、時々、嫌だと思ってしまう方に出会うことがあります。そういうときは、笑顔を向けることもできず、親切にもできなくなり、そんな自分に対して自己嫌悪に陥ってしまいます。こんなことでは仕事もうまくいかないとわかっているのですが……」

私は「今、目の前にいる人は世界で一番大事な人と思い込みなさい」とアドバイスしました。

しばらくして報告がありました。

「早速試してみました。嫌いだった人が、大事な人で大好きな人だと思えるようになりました。そして、自分がいかに傲慢だったかわかりました。傲慢な自分から解放されて、自分のことも好きになれました」

この人はもともと人の好き嫌いが強いという心のクセを持っていたのですが、以前は特に気にならなかったようです。でも、お客さまの問題解決のお役にたつことで仕事上の目標達成を目指そうとしたときに、その心のクセが大きなカベとしてたちはだかり、クローズアップされたのです。

目標なしに、自分の心のクセや習慣（過不足）に気づいたり、変えて行くための挑戦をすることはほとんど不可能です。仮に目標がない人が自分の過不足に気づいたとしても、挑戦する動機が弱いため、挫折しやすくなります。

お金は、不足しても過剰でもとらわれやすい

生きていくうえで私たちが一番とらわれやすいのは、お金かもしれません。

お金がないと、得ることにとらわれます。

お金があればあったで、失いたくない、もっともっと増やしたいととらわれやすく

なります。

どちらもお金に翻弄される人生になり、自由とはいえません。

お金がなければ生活できませんし、その快適度、安心度にも深く関係してきます。「人間の幸福や不幸の80%には、経済的な要因が関わっている」という話を聞いたことがあります。あるファイナンシャルプランナーの方が「人生の80%の悩みはお金にまつわることだ」と言っていましたが、これも意味としては同じでしょう。

お金で幸せは買えませんが、よくも悪くも80%は影響するならお金はないよりもあったほうがいいです。お金の心配がない分だけ、幸せの確率が上がるからです。

お金があっても愛情や信頼がなかったら、幸せとはほど遠い状態です。

また、お金があることによってそれにとらわれすぎていたら、ないのと同じくらい不自由で不幸せといえるかもしれません。

お金に対する認識はさまざまで、なかにはお金を忌み嫌う人もいます。お金は悪いことをしない限り、たくさん得られるものではないという間違った思い込みがあるのかもしれません。

しかし、お金というのは、人様に喜んでいただいた結果得られるものです。

そして、人様のお役にたてる使い方をすればこんなに素晴らしいものはありませんし、そうした使い方をするということが、お金にとらわれないためにもとても大切です。

お金にとらわれていると、自分のためだけに使いたくなります。

結果、信頼をなくし、身を滅ぼすことになるのです。


モノやお金というのは、「結果」です。

私がモノやお金を目標としていたころは「結果がすべて」のような感覚でした。

逆にそれがストレスになって、達成できないことで落ち込んでしまうこともあったように思います。

いくらモノやお金に恵まれても、精神的には自由ではありませんでした。

そしてモノやお金の目標に燃えられなくなり、使命感を得たときというのは、モノやお金を超越した感じでした。

モノもお金もどうでもいいということではないし、結果もどうでもいいわけではありませんが、それに縛られなくなったのです。

よりよい結果を得るための、その過程を楽しめるようになり、そのなかに幸せを感じられるようになりました。

気分が解放され、落ち込むこともストレスもなくなりました。

そして仕事が心の底から楽しくなりました。

働いても働いても、幸せになれないのはなぜだろう?

働いても働いても、経済的に楽にならない。そんな「ワーキングプア」が社会問題視されています。「ワーキングプア」もさることながら、私が個人的にずっと気になっていることがあります。

働いても働いても、幸せになれない(幸せを感じられない)という人がけっこう多いのではないだろうかということです。言い換えれば、働くことの意味がゆらいでいたり、見出せない人が多いのではないでしょうか。

それはきっと、「何を目指して働くのか」ということろをはっきりさせないままに働いているからだと思います。

一生懸命に働いているのに幸せになれないケースが多いと思いませんか？

たとえば、収入は多いけれど家族の気持ちがバラバラ……。

自分の限界を超えるような働き方をして、病気や過労死に至ってしまう……。

私たちは何を目指して働くのか？

それは、家族も含めて自分自身がより幸せな一生を送るためです。

経済的な心配をすることなく、心豊かに自由を感じながら、生きがいや希望や感謝の気持ちを持って人生を楽しむ。

そういうバランスのとれた幸せのために働くのです。

自分や家族を犠牲にしたり、悲しませながら働くのでは、本末転倒もはなはだしいことになってしまいます。

が、現実はどうなのかといいますと、バリバリ働いている人、特に男性ほど言うでしょう。世の中、そんなふうに甘いもんじゃない、と。

たとえば、私がまだサラリーマンだった頃は、男がいい仕事をするためには家庭を犠牲にするくらいじゃないとダメだと言われ、私もその言葉を鵜呑みにしていました。

でも、もしも今そう言われたら怒りますよ。

バカ言うんじゃない、家庭を犠牲にして何のための仕事なんだ。

それで幸せになれるのかって。

過労死などについていえば、自分の意思でそういう方向に進むのではなく、組織のなかで自分でコントロールできない事情に呑み込まれてしまう結果でしょう。

残念ながら組織という仕組みのなかでは、個人の意思や事情でそれに歯向かうことはほとんど不可能です。

でもだからこそ、「幸せになるために働くんだ」「幸せになるために生きるんだ」ということはどうしても忘れてはいけないと思います。

個人の幸せと仕事での成功を追求することに、矛盾があってはならない

家庭を犠牲にして仕事をするということは、個人の幸せをないがしろにして仕事での成功を追求することです。

しかし私は、個人的には幸せじゃないのに仕事では成功しているとか、個人的に幸せなのに仕事がうまくいっていないというのは、間違っているし、ありえないと思っています。

そんな幸せや成功は全く意味がありません。

どちらもうまくいっていなければ、幸せでも成功でもないからです。

私は、個人の幸せと仕事の成功の根っこは同じだと思います。

生きていくうえで幸せになるポイントと仕事のうえで成功するポイントは、全く同じです。幸せに生きるための仕事であり、家庭だからです。

ここでプライベートとビジネスの使い分けや駆け引きがあったりすると、本当の幸せとはかけ離れてしまいます。

そうした小手先のテクニックで得た幸せは一過性のものです。心底から穏やかで希望や感謝にあふれ、心が満たされるような幸せからは大きく遠ざかってしまいます。これは、私がかなりこだわっている持論です。私が今の仕事を始めたのも、このことを証明したかったからです。

私が自社で行なうセミナーでは、販売に関する内容というよりも、個人が幸せに生きていくにはどうしたらよいか、ということに重点を置いています。

初めて参加される方は「えっ、なんで仕事のセミナーなのに、生き方の話なの？」と驚かれますが、私は頑としてそこにこだわっています。

でもやはり、男がいい仕事をするためには家庭を犠牲にしなければダメといった考え方があるのと同様に、家庭と仕事は別、個人の幸せと仕事の成功は別々のものという考えが多いのかもしれません。

実際、仕事だからこういう考えがある、ところが個人としてはこういう考え方、というふうに、二重人格のような生き方をしなければ生きていけない傾向がいまだにあります。個人としては絶対にしたくないし、できないようなことでも、仕事のうえでは平気でやってしまうことがけっこうあるんじゃないかと思います。

たとえば、こんなことです。

個人としてはうそをついてはいけないとわかっているし、子どもにもそう教育している。——でも、仕事では売上げのためにお客さまに平気でうそをつく。

安心安全な食べ物を食べることが健康の基本であり幸せだと思っているし、家族にもそうさせたい。——でも、仕事では売上げのために内容や消費期限をいつわる。


もしも、個人の幸せと仕事の成功が別々のものだとしたら、世の中が矛盾に満ちたものになってしまうはずです。そして人は苦しみ、楽しく仕事をすることができなくなります。

私生活において幸せになる考え方と、仕事のうえで成功する考え方に、決して矛盾があってはいけないのです。


私自身は、仕事上そうせざるをえなかったというわけではなく、自分の意思で家庭と仕事を別々に考えてしまい、苦い経験をしたことがあります。

家内から離婚を言い出されたことがきっかけで、私たち夫婦は、「見返りを求めない」ということを実践し始めました。お互いにまるでうそのように気持ちが楽になり、幸せになることができました。

家庭内の人間関係がこうしてうまくいったのですから、本来は、仕事でも同じように考えるべきだったのです。

しかし、当時の私は、仕事となると全く別ととらえていましたから、学習塾経営においては先生たちに見返りをたくさん求めてしまいました。

「こんなに報酬を払っているのだから、もっと頑張ってほしい」「こんなによくしてやっているのに、労働組合をつくるなんて許せない」という気持ちでいっぱいだったのです。

そのうえ、理念もなく、信頼もなかったために、全面闘争寸前までいきました。

個人の幸せと仕事の成功を追求する考え方に矛盾があってはいけない、という信念は、このときの経験から生まれたものです。

結果よりも過程のなかにこそある幸せ

2章で幸せの正体のひとつは「希望」だと言いました。
希望は「目標」や「夢」とも言い換えることができます。

若いころは目標や夢を持っていたのに、だんだん持てなくなってきた。そんな人も多いと思います。これは、結果を重視するあまり、追い求めてもかなわなければ傷ついてしまう、それがいやだから最初からあきらめておこう、というふうに考えてしまうせいかもしれません。

でも何かを手に入れなければ意味がないとか、結果がすべてだという考えは、間違っていると思います。

幸せの意味がわからない人は、結果がすべてだというふうに考えてしまいがちです。
結果も大事ではあるけれど、それがすべてではないのです。
そこに向かっていく「今」が、どれだけ充実して有意義かということが大切です。
幸せは、目標が実現したとき初めてやってくるのではありません。

目標設定して、さまざまな挑戦をするなかで、もうしっかりと育まれているのです。

私の好きな言葉に「イメージを喜ぶ」という言葉があります。

1章で、私たちの結婚当時の経済状況がどん底だった話に触れました。

お金はありませんでしたが、「2人で幸せになる」という希望があったから、今と比べても全然見劣りしないくらいに幸せでした。

「イメージを喜ぶ」というのは、このときの経験です。

心からイメージできると、希望が湧いてきて喜ぶことができるのです。

今の状況がどうであれ、です。

逆に「イメージを喜べない」というのは、「結果しか喜べない」ということです。

いつも苦虫をかみつぶしたような顔をしている人がいて、私が「なんでいつもそんな面白くない顔をしているの？」と聞くと、「面白いことが何ひとつないからよ」と答えました。つまり、現実に結果が喜べることじゃないと喜べない、結果を見るまでは喜べない、ということです。

そういう人は、たとえば私が、目標設定の話のときに「イメージしてください。イメージが大事ですよ」と言うと、「はい、イメージしてみました」と答えるのですが、全然喜べていないんですね。ワクワクしていない。

こうなる（こうなりたい）という希望が湧いている段階は、まだ目標に向かっている過程ですが、この過程を喜べない人は、今の幸せ感も湧いてこない人なのかもしれません。

過程やイメージを喜べる人は、いつも楽しいことを思い描きながらニコニコ暮らしています。そういう人は、今もこれからも幸せな人です。

「比べる」という「エンドレスの競争」

あなたは幸せですか？

たとえばこう聞かれたとき、自分が幸せか、そうでないかについて、どんなふうに考えましたか？

だれかと比べて自分はどうか、と考えてしまったのではないでしょうか。

自分の価値基準でなく、比較して優劣をつけてしまったのではないでしょうか。

「だれかと比べる」――これは、私たちがついつい陥りがちなブラックホールのようなものです。


私も以前は、なにかにつけて人と比べては一喜一憂していました。

しかも自意識過剰でしたから、だれかと比べて勝っていると思うと優越感に浸り、負けていると思うと劣等感にさいなまれていました。

自分という存在が、比べる相手によって、あるいは状況によって、優越感のかたまりか、劣等感のかたまりか、そのどちらか極端に傾いてしまうのです。

これでは、果てしない競争に身を置いているようなものです。

ストレスで身を削りながら生きているようなものです。


私はあの人よりも優れている。

あの人に比べて私は有能だ。

私はあの人よりも劣っている。

あの人に比べて私は有能じゃない。

……だれかと比べてどうのこうのという価値観は、間違っています。

あるいは、女性だとこんなケースもあるかもしれません。

「私はこんなにブランド品を持っている、あの人は持っていない。だから私のほうがおしゃれで素敵。あの人は全然おしゃれじゃない。カッコ悪い」

——くだらなすぎると思いませんか？　自分が楽しんで持っているんだったら、それでいいじゃないですか。なぜ人と比べるのですか。

比べるとしたら、あくまでも自分自身と比べるべきです。

自分がこうありたいと思う自分、あるいは自分の未来のイメージ（＝目標）に、昨日よりも近づいているかどうかを考えればいいのです。

私の場合、以前は常に自分をだれかと比べて一喜一憂するような、そんな価値観にとらわれていたために、焦りや妬みなどつまらない感情に左右されてしまったり、差別心が生まれてしまったり、本質を見誤ることがずいぶんあったのではないかと思います。「比べる」というのは非常に弊害が大きいのです。

そもそも、自分が今持っているもの（こと）に感謝していたら、人と比べるなんてできるはずがありません。とても恥ずかしいことです。

自己中心的な考え方のなかに幸せは生まれない

今、私たち人間はがけっぷちに立たされているような気がします。

なぜならば、自分さえよければ、というあまりにも自己中心的な生き方の人が多いからです。

なぜ自己中心的になるのかというと、自分のことだけを思うことにとらわれているからです。自己中心的なことが、自分を幸せにしてくれると勘違いしているからです。

私もかなり自己中心的な人間でした。

たとえば夫婦の間においても、結婚当初は、健康も仕事もお金もない自分と結婚してくれた家内に心から感謝し、絶対幸せにしようと心に誓い、いつも幸せでいてほしいと願っていたのです。

再就職し、子どもができても、その思いに変わりはありませんでした。変わりなかったのですが、当時は人一倍疲れやすい体質のこともあって仕事をするだけで手一杯、家庭のことや家内のことは一切考えず、ついつい自分のことばかり優先させてしまったのです。

そして、私が勝手ないい加減なことばかりするがゆえに、家内から文句や不満が出てくるわけですが、元凶である自分のことは棚に上げ、いちいち口を出してくる家内に対して不満を感じるようになってしまいました。

「俺はこんなに頑張っているんだ。文句は言わせない」と思っていたのです。

自分を守ること、自分可愛さのほうが、家内に対しての感謝だの幸せにしたいという気持ちよりも勝ってしまっていたのです。

そういうときは、家庭はもちろん、仕事も決してうまくいきません。うまくいっていると思っていても、錯覚だったということがあとでわかります。

自分のことばかり考えていた私は、あるとき、「人を助けてわが身助かる」という言葉に出会い、衝撃を受けました。そして、私の人生は１８０度変わりました。

まあこれは個人的な話ですので、ちょっと目を外に転じてみましょうか。

たとえば、車で走っていると赤信号のときに、前の車のドアが開いて、車の灰皿からあふれそうなほどの吸い殻が道路に捨てられるシーンに出くわすことがあります。そんなふうに外は平気で汚すのに、自分の車に乗るときは靴を脱いで常に車のなかをきれいにしているといったケースもあるようです。

こうした自己中心的な考え方は、大した罪悪感を感じることなく、どんどんエスカレートしていきます。

それがさらに高じると、自分の国だけが豊かで幸せであればいい、それを阻止する国は滅ぼしてしまえ、あるいは、滅ぼされる前にやってしまえ、と戦争が起きてしまう。実際、こうした歴史が綿々と繰り返されています。

たとえ、「今、私は幸せよ。お金もたくさんあるし、愛情にも恵まれているし、子どもたちも大きくなったし」などと幸せの絶頂にいたとしても、戦争が起きてしまえば、瞬時にして失われてしまいます。

戦争などというと、非日常すぎてピンとこないかもしれません。

もっと身近なことで言いましょう。

あなたがどんなに幸せに暮らしていても、自己中心的な第三者によって、その幸せはもろくも崩れさってしまうということです。

自分の勝手な都合による飲酒運転やスピード違反による交通事故。

「自分と考えが違うから」「うざったいから」という些細な理由での執拗ないじめ。

「イラついたから」「だれでもよかった」「お金がほしかったから」などの理由でいとも簡単に行なわれる犯罪。

世の中で悲しいことが起きるとき、その背景には必ずだれかの自己中心的な考えが潜んでいます。


私たちが望む幸せは、それぞれが自己中心的に生きていく中にはありえません。

じゃあ、どこにあるんだといえば、「個と全体が調和」したなかにあります。

個々の幸せが全体をつくり、全体の幸せのなかに個々の幸せがあるということです。

世の中で戦争が起きているなかで、個の幸せはありえません。

また、今、自分が生きている間だけ幸せでいいというわけにはいきません。

未来に生きる世代の幸せという希望があってこそ、今、幸せを感じられるのです。

親は幸せだったけど子どもは不幸、そんなことでは親の幸せは成立しないのです。


そんなことはわかっている。だけど自分たちには力がない。

だから政治家にまかせるしかないんだ、と思いますか？

でも本当に人にまかせるだけで、それでいいんですか？

我々にできることは何かないのでしょうか？


この間、テレビである女性が話していました。

「たとえば、一人ひとりがたったひとつのゴミを拾ったとします。すると地球上で67億のゴミが一瞬にして拾われることになります。

反対に、自分がひとつくらいゴミを捨てたからといって大した問題じゃないと考えたとしましょうか。そうすると、一瞬のうちに67億のゴミが地球上に捨てられることになります。だから、今、自分が身近でできることを考えてみませんか」

同じような意味で、私も一個人として、また企業人として、ひとりでも多くの人の幸せを追求したいと思います。

私がこういうような話をすると、忠告をしてくれる人がいます。

「言いたいことはわかる。だけどもそれは気の遠くなるような理想だ。もっと現実の足元を見るべきなんじゃないか」

現実の足元というのは、企業の利益ですか？

個人の財産ですか？

モノやサービスを販売してもうけさえすれば、それでいいのですか？

私はあえて反論します。

「人生、理想を追わずして、いったい何を追うんだ？」と。

おわりに……私がいつも幸せな理由

最後までお読みいただき、ありがとうございました。

内容をだいぶ整理したつもりですが、思いのほか長くなってしまいました。


ちょっとでもいいと思ったことはすぐやってみる。

ちょっとでもよくないと思うことはすぐにやめる。

そう決めたのは、「目標設定」と出会ったことがきっかけでした。

以来、私の口グセは「まずやってみよう」です。

熟考してから行動に移すというよりも、ちょっとでもいいと思ったら即実行、挑戦あるのみです。

それ以来、私はどんどん目標をクリアしてきました。

そして今では、目標設定したときに、それが本当にかなうと思い込む必要もなくなりました。絶対にかなうと信じきっているからです。

ところが、唯一、ゴルフのときは悪いイメージを持ってしまうから不思議です。プレイ中、バンカーに入ったときに「あ、どうしよう。ホームラン出そうだな。出しちゃいけないぞ」と焦ることがあります。狙っている方向に池があるのです。「ホームラン出さないぞ！」。そうと思って打つと、「あっ、ホームランだ！」……勝ちたいという欲が入るから、判断ができなくなる。へんに力が入ってしまう。そのうえ、自分がミスをして不利になると人の失敗を内心願ったりして……。情けないですが、私が、まだまだ発展途上の人間だという証拠です。

その発展途上の私から、この本をお読みいただいたあなたへ提案です。もしあなたが「変わりたい」「幸せになりたい」と思っていて、本の中で少しでも「よさそう」と思えることがあったら、ぜひ実際に試してみていただきたいのです。なぜならば、この本に書かれていることを試していただければ、どんな人でも、いつからでも、幸せになれるはずだからです。

セミナーをやっていると、まれにこんな例があります。

私が「今度から〝今、目の前にいる人は世界で一番大事な人〟と思ってみてください」と言うと、「はい」って言うんです。でも1年後、また同じ話をして「あれからやってみた？」と聞くと、やっていない。

「なんで？」って思ってしまいます。

自分の状況をよくしたいと、本気で、切実に思っているのでしょうか？

そう思っているのにやらない、わかっているのにできない、としたら、それは「甘え」です。

幸せになるヒントが目の前にあるのにやらない、やらないけど幸せになりたいっていうのは、甘え以外のなにものでもないと思うのです。

「変わりたい」「幸せになりたい」と口で言うだけで変われた人はいません。

昨日までの自分と変わった人、自分らしく幸せになれた人は、少しでも可能性のあることに挑戦した人なのです。

違いは、「やる」か「やらない」か。

私は単純なので、いいと思うことはすぐに取り入れてやってみました。

たったそれだけのことなのです。


本書では、私が幸せであることをかなりしつこく書きました。

だからといって、今、課題が何ひとつない状態であるという意味ではありません。

経営に携わる立場としては当然、常に何らかの課題に立ち向かっています。

が、たとえどんな難問があったとしても、私は幸せなのです。

なぜならば、絶対よくなるという希望と、周りの人たちへの尽きない感謝を感じられる毎日だからです。


私の人生もあっという間に70年を過ぎました。

「人生こんなもんさ」とさめた気持ちで生きていた20代、30代のころよりも気力も意欲も、数段充実しています。

私にとってつらいのは、年齢を重ねることではありません。

やりたいことや目標もないまま生きることです。

仕事は一個人の成功のためにするものではありません。

自分や周りの人、社会が幸せになるためにするものです。

だからこそ、私の目標設定と挑戦はまだまだ続きます。

それらすべてが、「よりたくさんの人に幸せになっていただく」という使命をかなえるための最善のことと確信しつつ、これからも精進していきたいと思います。


最後に、私どものホームエステマシンご愛用者の皆様、販売の皆様、コメット電機株式会社様、ご協力いただいております関係各社様、弊社社員に感謝いたします。皆様方との出会いがなければ、私の人生はこれほど充実したものにはなりませんでした。

また、この本が誕生したのは、株式会社リンクジャパン春名薫氏の御尽力とプロデュースの賜物です。心より御礼申し上げます。


最愛の家族にこの本を読んでもらえる幸せをかみしめながら――

２００８年8月　　奥村久雄

［著者］
奥村久雄（おくむら・ひさお）
株式会社フヨウサキナ代表取締役社長。
1937年（昭和12年）北海道生まれ。大手ヘアケア製品メーカーの営業所長を務めたのち、36歳で独立。化粧品販売、学習塾経営で成功を収め、1982年（昭和57年）より、ホームエステマシンとスキンケア商品の販売を開始。現在、全国に400カ所以上の販売拠点がある。

人生を変える幸せの法則——あなたも、きっとうまくいく

2008年9月19日　第1刷発行
2008年10月2日　第3刷発行

著　者——奥村久雄
発行所——ダイヤモンド社
〒150-8409　東京都渋谷区神宮前6-12-17
http://www.diamond.co.jp/
電話／03･5778･7235（編集）　03･5778･7240（販売）
企画・構成—船山ひろこ
装丁————ジュリアーノ ナカニシ
製作進行——ダイヤモンド・グラフィック社
印刷————堀内印刷所（本文）・加藤文明社（カバー）
製本————ブックアート
編集担当——花岡則夫

ISBN 978-4-478-00689-4